全面深化改革

从城乡一体走向城乡融合的苏州实践

方伟 著

本书由中共苏州市委党校资助出版

苏州大学出版社
Soochow University Press

图书在版编目（CIP）数据

全面深化改革：从城乡一体走向城乡融合的苏州实践 / 方伟著. —苏州：苏州大学出版社，2020.7
ISBN 978-7-5672-3251-8

Ⅰ.①全… Ⅱ.①方… Ⅲ.①城乡一体化—城乡建设—研究—苏州 Ⅳ.①F299.275.33

中国版本图书馆 CIP 数据核字（2020）第 136285 号

书　　名：全面深化改革：从城乡一体走向城乡融合的苏州实践
著　　者：方　伟
责任编辑：王　娅
助理编辑：刘　冉
装帧设计：吴　钰
出版发行：苏州大学出版社（Soochow University Press）
社　　址：苏州市十梓街1号　邮编：215006
印　　刷：苏州工业园区美柯乐制版印务有限责任公司
邮购热线：0512-67480030
销售热线：0512-67481020
开　　本：700 mm×1 000 mm　1/16　印张：13.75　字数：172千
版　　次：2020年7月第1版
印　　次：2020年7月第1次印刷
书　　号：ISBN 978-7-5672-3251-8
定　　价：48.00元

若有印装错误，本社负责调换
苏州大学出版社营销部　电话：0512-67481020
苏州大学出版社网址　http://www.sudapress.com
苏州大学出版社邮箱　sdcbs@suda.edu.cn

前言

新时代城乡关系与推进之路的苏州探索

解决好"三农"问题始终是我们党工作的重中之重。从党的十一届三中全会之后农村率先启动改革,到党的十六大提出统筹城乡发展战略、十六届五中全会提出建设社会主义新农村,党的"三农"工作的实践创新、理论创新和制度创新在持续改革发展中不断深化,取得了历史性成就,但在社会主义市场经济体制下如何做到城乡融合发展,仍然是亟待破解的历史性新课题。党的十八大以来,习近平总书记提出一系列关于"城乡融合发展"的重要论述,尤其是党的十九大提出了实施乡村振兴战略,其后《中共中央 国务院关于建立健全城乡融合发展体制机制和政策体系的意见》出台,不仅丰富发展了马克思主义经典作家关于城乡关系的理论,而且也为社会主义市场经济体制下重塑城乡关系和全面深化城乡一体化改革提供了基本遵循,我国城乡关系进入融合发展新时代。

新时代重塑城乡关系,必须走城乡融合发展之路,走共同富裕之路,走质量兴农之路,走乡村绿色发展之路,走乡村文化兴盛之路,走乡村善治之路,走中国特色脱贫之路。基于新时代城乡关系演进的新特征、新内涵、新任务,苏州城乡一体化改革也进入了新阶段,从城乡一体走向城乡融合。

新时代,苏州自觉遵循和顺应城乡关系改革发展的规律和趋势,坚决并创造性贯彻党中央决策部署,牢记总书记嘱托,立足高水平全面建成小康社会,志于走在新时代城乡融合发展最前列,以全面深化改革为牵引,以协调推进乡村振兴战略和新型城镇化战略为抓手,以缩小城乡发展差距和居民生活水平差距为目标,以完善产权制度和要素市场化配置为重点,全面深化要素市场化改革、民生福祉增进改革、社会治理体制改革、城乡生态文明建设改革和新时代精神文明建设改革等,加快推进农业农村现代化,高水平建设"四化同步"发展的示范区、新型城镇化发展示范区、土地资源节约集约利用示范区、现代公共服务均等化示范区、共同富裕示范区、全域城乡文明一体创建示范区、和谐社会示范区、生态文明示范区"八个示范区",开启了从"全国农村改革试验区"到"全国城乡一体化发展示范区"再到"率先基本实现农业农村现代化,争创全国乡村全面振兴示范区"的新探索实践。

实践中,苏州大胆探索新时代城乡关系与推进之路。坚持做好农村改革的整体谋划和顶层设计,从城乡统筹走向城乡融合,切实把农业农村优先发展落到实处。坚持把推进农业供给侧结构性改革作为主线,激发农村发展新活力,加快构建现代农业产业体系、生产体系、经营体系,提高农业创新力、竞争力和全要素生产率,加快推进农业农村现代化。坚持绿色生态导向,推动乡村自然资本加快增值,扎实推进美丽宜居乡村建设,实现百姓富、生态美的统一,让更多老百姓吃上生态饭。坚持保障和改善民生,推动新增教育、文化、医疗卫生等社会事业经费向农村倾斜,大力度不断提高农村基本公共服务的标准和水平，深入推进新时代文明实践所、站、点建设，建立健全党委领导、政府负责、社会协同、公众参与、法治保障的现代乡村社会治理体制，建设幸福家庭、友爱乡村、和谐社会，让广大农民有更多的获得感，展现了农业强、农村美、农民富的现实模样，乡村振兴取得历史性巨大成就，走出了一条富有苏州特色、体现标杆水平的中国特色社会主义乡村振兴道路。

基于这样的时代背景和苏州生动实践，作为苏州发展的关注者与研究者，在完成江苏省社会科学基金省市协作项目《全面深化改革健全城乡一体化发展体制机制研究》之后，我跟踪研究苏州城乡一体化改革不辍，形成了一系列专题研究成果，并在此基础上进行深化，以《全面深化改革：从城乡一体走向城乡融合的苏州实践》为题，从理论与实践两个维度，分上下两篇，阐释和揭示新时代苏州全面深化改革、从城乡一体化走向城乡融合的背景意义、演进方向、演进机理、时代内涵、重点任务、率先实践和特色成就等，诠释了新时代城乡关系与推进之路的苏州探索和生动实践，讲述新时代城乡融合的苏州故事。作为对苏州这一历史新阶段城乡关系演进动态进行分析的新作，期许能为学界研究苏州城乡融合发展提供一个视角，在丰富苏州城乡改革发展研究上献出绵薄之力。

方　伟

2020年7月

上篇 / 1

第一章 新时代全面深化苏州城乡一体化改革的背景意义 / 3

一、新时代全面深化改革,从城乡一体走向城乡融合的研究背景 / 4

二、新时代全面深化改革,从城乡一体走向城乡融合的研究意义 / 18

第二章 苏州城乡一体化改革的非凡历程和历史性成就 / 21

一、苏州城乡一体化改革的历史沿革 / 21

二、苏州城乡一体化改革的历史性成就 / 29

三、苏州城乡一体化改革的基本经验 / 40

第三章 新时代苏州城乡一体化改革面临的新情况、新问题、新挑战 / 42

一、苏州城乡一体化改革被赋予"现代化"的新要求 / 43

二、苏州城乡一体化改革的新趋势 / 43

三、苏州城乡一体化改革面临的问题挑战和原因分析 / 44

第四章 新时代苏州从城乡一体走向城乡融合的目标任务 / 52

　　一、新时代全面深化改革发展的基本思路 / 53

　　二、新时代改革发展的基本目标和主要任务 / 53

第五章 在现代化进程中更高层次推进苏州从城乡一体化走向城乡融合 / 61

　　一、以现代化视角强力推进内生性的政策供给，继续深化、完善城乡融合顶层设计 / 61

　　二、沿着市场化方向，重点探索农村新型集体经济的实现形式 / 63

　　三、沿着市场化方向，重点改善农村金融环境和金融服务，建立健全农村金融服务体系 / 66

　　四、沿着市场化、产业化、现代化方向，重点加快农业现代化步伐，走出一条具有苏州特色的农业现代化道路 / 67

　　五、沿着民主化、社会化、共享化方向，重点提升农村社区建设现代化水平，进一步完善乡村治理，推进治理现代化 / 70

　　六、沿着公平化、均等化、共享化方向，重点加强农民教育，提升农民就业能力和现代文明素养 / 71

　　七、沿着公开公正化方向，重点推进基层政府行政管理体制改革 / 72

第六章 苏州率先基本实现农业农村现代化的几个基本问题 / 76

　　一、苏州率先基本实现农业农村现代化的时代背景 / 77

　　二、苏州率先基本实现农业农村现代化的实践意义 / 79

三、苏州率先基本实现农业农村现代化的基本内涵和指标
体系 / 82

四、苏州率先基本实现农业农村现代化的短板问题 / 89

五、推进苏州率先基本实现农业农村现代化的举措建议
／ 90

下篇 / 107

第七章 苏州乡村振兴战略实施现况调查 / 108

一、苏州乡村振兴的现实基础 / 108

二、苏州乡村振兴的短板问题 / 113

三、苏州实现乡村振兴的路径选择 / 118

第八章 苏州农村集体经济产权制度改革调查 / 126

一、深化农村集体经济改革的时代要求 / 127

二、苏州集体经济改革和发展现状 / 128

三、苏州农村集体经济发展壮大的瓶颈制约 / 136

四、进一步深化苏州农村集体经济改革的建议 / 138

第九章 苏州被撤并镇整治提升工作调查 / 141

一、苏州乡镇撤并发展历程 / 141

二、被撤并乡镇整治提升是苏州实现高质量发展的题中
应有之义 / 143

三、被撤并乡镇发展中存在的突出问题 / 145

四、苏州被撤并乡镇整治提升工作的做法成效和
经验 / 147

五、深化苏州被撤并乡镇整治提升工作的建议 / 152

第十章　苏州率先高水平全面建成小康社会现实问题调查 / 156

一、关于苏州率先高水平全面建成小康社会目标内涵的不断完善 / 157

二、关于苏州率先高水平全面建成小康社会的基本进程和主攻方向 / 164

三、关于苏州率先高水平全面建成小康社会的薄弱环节和障碍因素 / 165

四、关于苏州率先高水平全面建成小康社会的主攻方向和政策建议 / 169

第十一章　苏州全面建成小康社会的成就、经验以及对高质量发展的启示 / 174

一、全面建成小康社会的时代内涵及其历史演进 / 175

二、苏州高水平全面建成小康社会的创新实践 / 179

三、苏州高水平全面建成小康社会的伟大成就 / 184

四、苏州全面建成小康社会的历史经验 / 188

五、苏州全面建成小康社会的历史启示 / 189

第十二章　创体制机制新优势，走出一条具有苏州特点、体现标杆水平的乡村振兴之路 / 192

一、走出一条具有苏州特点、体现标杆水平、城乡融合发展的乡村振兴之路的优劣势分析 / 193

二、苏州乡村振兴、城乡融合发展的目标定位 / 198

三、乡村振兴、城乡融合发展的国外借鉴 / 200

四、走出一条具有苏州特点、体现标杆水平、城乡融合发展的乡村振兴之路的路径选择和主攻方向 / 201

后记 / 206

上 篇

城乡发展一体化是苏州在全国比较早提出并探索的创新实践，是苏州发展的最大特色、最大品牌和最大优势。从2003年开始确立了"统筹城乡发展"的方针，到2011年逐步形成了覆盖城乡一体化的制度、政策体系，引导改革和创新实践，再到党的十八大以来实施乡村振兴战略，在党中央、国务院，国家部委，省委、省政府的关心支持下，苏州按照习近平总书记视察江苏时的重要讲话精神和总书记提出的"逐步实现城乡居民基本权益平等化、城乡公共服务均等化、城乡居民收入均衡化、城乡要素配置合理化，以及城乡产业发展融合化"[①]的目标，持续推进城乡发展一体化改革，实施乡村振兴战略，努力丰富"两聚一高"[②]新实践，取得了城乡发展一体化一系列的成

[①] 习近平：加快推进城乡发展一体化更加紧迫，央广网，http://m.cnr.cn/news/20150502/t20150502_518438262.html.

[②] "两聚一高"，指江苏第十三次党代会报告明确提出的"聚力创新，聚焦富民，高水平建设全面小康社会"发展方略。

果，为建设"强富美高"① 新江苏做出了积极探索，也展现了苏州从城乡一体化走向城乡融合发展的美好前景，这些无不与持续的全面深化改革有关。本书总论部分将围绕新时代苏州全面深化城乡一体化改革的背景意义、历程经验、问题分析、发展展望等方面进行系统阐述，既对苏州城乡一体化改革历程及问题进行总结梳理，又对苏州城乡一体化改革发展的规律和前景进行理论探讨和展望。

---

① 建设"强富美高"新江苏，指2014年12月习近平总书记亲临江苏视察并发表重要讲话，提出了"努力建设经济强、百姓富、环境美、社会文明程度高的新江苏"。

第一章

新时代全面深化苏州城乡一体化改革的背景意义

改革是当代中国城乡关系进一步发展的根本动力。党的十八大以来,习近平总书记高度重视城乡发展,指出:"城乡发展不平衡不协调,是我国经济社会发展存在的突出矛盾,是全面建成小康社会、加快推进社会主义现代化必须解决的重大问题。""推进城乡发展一体化,是工业化、城镇化、农业现代化发展到一定阶段的必然要求,是国家现代化的重要标志。"习近平总书记在多个场合包括在江苏视察时反复强调,要建立城乡融合的体制机制,把工业和农业、城市和乡村作为一个整体统筹谋划,促进城乡在规划布局、要素配置、产业发展、公共服务、文化建设、生态保护等方面相互融合和共同发展。党的十九大进一步提出实施乡村振兴战略,建立健全城乡融合发展的体制机制和政策体系,让广大农民平等参与现代化进程、共同分享现代化成果。从城乡一体走向城乡融合已然成为新时代城乡改革的鲜明特征。习近平总书记关于城乡一体化的重要论述,是对城乡关系进入新的发展阶段的准确把握,是以人民为中心实现公平共享发展的新发展观,具有重要的战略意义和实践指导意义。进入新时代,对承担国家和省城乡一体综合改革试验任务的苏州来说,以习近平新时代中国特色社会主义思想为指引,进一步全面深化改革，从城乡一体走向城乡融合，提升城乡融合发展水平有着政治必然、实践必然和历史必然。

 一、新时代全面深化改革，从城乡一体走向城乡融合的研究背景

（一）新时代全面深化改革，从城乡一体走向城乡融合有着坚实的理论支撑和思想认同

城乡关系是经济社会发展中最为重要的一个关系。从思想渊源上看，我国城乡一体化的思想，既来自马克思主义经典作家关于城乡关系的论述，如马克思的城乡关系理论、恩格斯的城乡融合理论认为，城乡融合是社会发展的必然趋势，是城乡发展的终极目标；又来自西方城市学家的思想，如著名的英国城市学家埃比尼泽·霍华德倡导用城乡一体的新社会结构取代城乡对立的旧社会结构，建设"田园城市"。从发生学角度看，我国城乡一体化这个概念、思想是实际工作者在改革实践中首先提出并随着改革不断深化而不断丰富的。

从20世纪80年代开始，基于城乡差别扩大，城乡统筹、城乡一体化思想逐渐受到重视。政界、学界和实际工作者对城乡关系的认识是在城乡发展的改革实践中不断深化的。进入新世纪，城乡一体化理论取得重大突破，不断深化发展。党的十六大提出"统筹城乡经济社会发展"，与传统"三农"工作相比，这一观念跳出"农业"解决农业问题，跳出"三农"解决"三农"问题，理论实践大大突破传统定式；党的十六届三中全会首次提出"五个统筹"的发展理念，并将城乡统筹放在首位，此后，城乡经济社会一体化发

展成为各级党委、政府的政治选择和政策选择，开始广泛地进入全国各地的实践领域；党的十六届五中全会提出推进社会主义新农村建设的历史任务；党的十七大在总结十六大以来的理论和实践创新的基础上，进一步提出"统筹城乡发展，推进社会主义新农村建设"，"实现城乡一体化发展"；党的十七届三中全会做出《中共中央关于推进农村改革发展若干重大问题的决定》，提出"加快形成城乡经济社会发展一体化新格局"；党的十七届五中全会通过的《中共中央关于制定国民经济和社会发展第十二个五年规划的建议》提出了"三化同步"，即"在工业化、城镇化深入发展中同步推进农业现代化"的战略思想，同时从现代农业发展、城乡基本公共服务均等化、农村社会事业发展、体制改革和制度建设等方面对加快形成城乡发展一体化格局进行部署规划；党的十八大提出实施城乡一体化发展战略，提出"四化同步""推动城乡发展一体化"；党的十九大进一步提出实施乡村振兴战略，建立健全城乡融合发展的体制机制和政策体系，让广大农民平等参与现代化进程、共同分享现代化成果。

上述21世纪以来近二十年的城乡一体发展的历史轨迹清晰表明，从"二元结构"松动到政策和公共资源配置向"三农"倾斜，从大力促进农村社会事业发展到城乡基本公共服务均等化，从农村税费改革到城乡教育、医疗卫生、文化、社会保障制度衔接统一，城乡关系协调发展逐步深入，城乡融合渐次推进。总体来看，在理论探索过程中，我国政界和学界围绕城乡两个系统的空间、经济、政治、社会、文化、生态等方面展开研究，基本倾向是通过制度、体制、机制、政策的创新打破城乡"二元"壁垒，逐步实现生产要素的合理流动和优化组合。通过对空间要素的统一规划系统安排，促使生产要素在城市和乡村之间合理分布，最终达到城乡地位平等、城乡开放互通、城乡互补互促、城乡共同进步的局面，逐步实现城乡之间在经济、政治、社会、文化、生态上的协调发展。在城乡一体化理论研究中，我国各界现已形成了如下基本共识，为苏州进一步全面深化改革，从城乡一体走向城乡融合提供了强大的理论支撑和思想认同。

第一，在城乡一体化发展的必然性方面，城乡一体化是在工业化、城市化、现代化进程中提出的问题，是破除城乡二元结构、解决"三农"问题的必然选择和根本途径，既是经济社会发展的内在要求和目标之一，又是经济社会发展的战略和促进生产力合理布局的手段，更是不断完善生产关系、不断增进人民福祉的必然选择。城乡一体化发展标志着中国特色社会主义伟大实践中城乡关系进入一个新阶段。

第二，在城乡一体化发展的基本内涵方面，城乡一体化不是城乡一样化，也不是一元化，而要求在空间形态上城乡有别、在社会形态上城乡一体。必须要破除"二元"壁垒，从空间、经济、社会、政治、文化、生态等方面，把工业与农业、城市与乡村、城镇居民与农村居民作为一个整体，统筹谋划、综合研究，通过体制改革和政策调整，促进城乡在规划建设、产业发展、市场信息、政策措施、生态环境保护、社会事业发展上的一体化，改变长期形成的城乡二元经济结构，使整个城乡经济社会全面、协调、可持续发展。城乡一体化发展的核心是城乡利益和谐，本质内涵就在以人为本、权利平等。

第三，在城乡一体化发展的深远意义方面，城乡一体化是一项重大而深刻的社会变革。不仅是思想观念的更新，也是政策措施的变化；不仅是发展思路和增长方式的转变，也是产业布局和利益关系的调整；不仅是体制和机制的创新，也是领导方式和工作方法的改进；不仅是生产力布局的改革创新，也是生产关系乃至上层建筑的不断完善，是国家治理体系和治理能力现代化的重要方面和重大体现，是中国特色社会主义制度不断完善和优越性的具体呈现。

总之，从统筹城乡发展到城乡发展一体化再到城乡融合发展，本质上是一脉相承的，但从内容上看则体现了党中央对于城乡发展失衡问题的重视程度不断提高，对于构建新型城乡关系的思路不断升华。从理论发展看，是我国经济社会发展战略的深化，反映了党对城乡关系认识和把握的不断深化，不仅是我国经济社会发展重大战略形式上的深化，更是发展战略实质内容的深化；不仅是发展战略在历史时间上的深化，更是发展战略在空间布局上的深化；不仅是发展战略思维方式的深化，更是发展战略指导思想和理论的深化。理论深化发展深刻反映了城乡一体化是全面建成小康社会、加快推进社会主义现代化的必然要求，这一理论的深化发展也为新时代苏州全面深化城乡一体化改革提供了坚实的思想认同和系统的理论支撑。

(二) 新时代全面深化改革，从城乡一体走向城乡融合有着良好的环境支撑和实践基础

上述理论上的探索和达成的共识均已体现在当下我国城乡改革的政策实践中。近二十年来，理论和实践都在不断深化，尤其是在党的十七届三中全会后，城乡一体化发展得到了加倍重视、加速推进，统筹城乡综合配套改革的大幕在全国全面拉开，最为典型的是国家和省市层面都设立了试点示范区，从"十一五"开始，都将城

乡一体化发展纳入了国民经济和社会发展五年规划，从上到下、由点到面形成了积极实践和创新的良好局面。以苏州、嘉兴、鄂州、成都、重庆等地最为典型。重庆、成都两市2007年被国家发改委列为全国统筹城乡综合配套改革试验区，湖北省鼓励和支持鄂州成为全省地市级综合改革的示范区，而苏州、嘉兴两市则在2007年、2008年被确定为江苏、浙江城乡统筹综合配套改革试验区。上述各地2007年后均被国家发改委确定参加中澳管理项目（CAGP）"消除城乡一体化的体制障碍，促进农民富裕与城乡统筹发展"的改革试验工作，其中苏州还被列为国家发改委城乡一体化发展综合配套改革联系点、农业部全国统筹城乡发展改革试验区。2019年，为深入贯彻落实党的十九届四中全会精神和《中共中央 国务院关于建立健全城乡融合发展体制机制和政策体系的意见》，国家发展改革委、中央农村工作领导小组办公室、农业农村部等出台的《国家城乡融合发展试验区改革方案》明确了11个国家城乡融合发展试验区，明确要求试验区坚持城乡融合发展方向，坚持农业农村优先发展，以缩小城乡发展差距和居民生活水平差距为目标，以协调推进乡村振兴战略和新型城镇化战略为抓手，以促进城乡生产要素双向自由流动和公共资源合理配置为关键，突出以工促农、以城带乡，破除制度弊端、补齐政策短板，率先建立起城乡融合发展体制机制和政策体系，为全国提供可复制可推广的典型经验。浙江嘉湖片区、四川成都西部片区、重庆西部片区列入其中。

重庆改革实践。重庆紧紧围绕以大城市、大农村、大山区、大库区为一体的区域特色，以缩小城乡差距为主题，通过有步骤、有计划地推进户籍制度、土地使用与管理制度、公共财政制度、农村社会保障制度、金融服务制度等方面的改革，至"十二五"末，建立了以城带乡、以工促农的长效机制，统筹城乡的土地利用制度，统筹城乡的金融体制，建立城乡统一的劳动就业制度和城乡统一的社会管理体制。进入新时代，重庆紧紧围绕"产业兴旺、生态宜居、乡风文明、治理有效、生活富裕"总要求，实施乡村振兴战略行动计划。重点打好脱贫攻坚、调整农业产业结构、改善农村人居环境、完善农村基础设施和公共服务等硬仗，明确走好"六条路"：加快构建新型工农城乡关系，促进城乡资源要素合理流动、优化配置，走城乡融合发展之路；巩固和完善农村基本经营制度，建立健全农民稳定增收长效机制，走共同富裕之路；深化农业供给侧结构性改革，构建现代农业产业体系、生产体系、经营体系，走质量兴农之路；着力改善生产、生活、生态环境，走乡村绿色发展之路；传承发展提升农耕文明，走乡村文化兴盛之路；创新乡村治理体系，走乡村善治之路，全面促进乡村繁荣发展。要坚持以人民为中心，加强农村基层党组织和民主法治建设，实现乡村治理体系现代化。要坚持精准脱贫，一体化解决区域性整体贫困和"插花"贫困，全力打好脱贫攻坚战。党的十九届四中全会后，重庆西部片区被列为国家城乡融合发展试验区①，着力积极探索建立城乡有序流动的人口迁徙制度，建立进城落户农民依法自愿有偿转让退出农村权益制度，建立农村集体经营性建设用地入市制度，搭建城中村改造合作平台，搭建城乡产业协同发展平台，城乡一体化改革深度和广度有了进一步提升。

成都改革实践。成都以"三个集中"、"六个一体化"、农村工

---

① 2019年12月19日，由国家发展改革委、中央农村工作领导小组办公室、农业农村部、公安部等十八部门联合印发《国家城乡融合发展试验区改革方案》，明确浙江嘉湖片区、江苏宁锡常接合片区、重庆西部片区等11个国家城乡融合发展试验区。

作"四大基础工程"① 全域推进城乡一体化,形成了"政府创新政策环境、市场活化经济资源、城乡统筹和谐发展"三大特征。进入新时代,成都全面落实乡村振兴战略,以新的理念推动乡村规划提升,以新的规划绘就乡村振兴蓝图,以新的机制强化乡村规划管理,以新的血液增添乡村发展活力,依托省会城市人才、资金、科技和信息等要素集聚优势,聚焦土地、金融、技术、市场和信息等乡村振兴核心要素,积极构建七大共享服务平台(农村土地交易服务平台、农业科技创新服务平台、农村金融保险服务平台、农产品品牌孵化服务平台、农产品交易服务平台、农商文旅体融合发展服务平台、农业博览综合服务平台),带动、服务四川乡村振兴。特别是通过农业博览综合服务平台的"体验形式创新、参与主体创新、展示空间创新、博览周期创新"等会展创新策略,营造三次产业联动发展的"农博+"产业生态圈,为四川农业高质量发展提供永续动力;通过全域乡村规划提升、农业品牌建设、乡村人才培育集聚等十大重点工程推动乡村价值之变;通过农业供给侧结构性改革、农村集体产权制度改革、农村金融服务综合改革、公共产品服务生产供给机制改革、农村行政管理体制改革等五项重点改革夯实发展内生动力。② 成都还明确了长远目标是以"自然之美、社会公正、城乡一体"为核心建设世界田园城市。党的十九大以来,作为国家城乡融合发展试验区,成都着力进一步积极探索建立城乡有序

---

① "三个集中",指工业向集中发展区集中、农民向城镇和新型社区集中、土地向适度规模集中;"六个一体化",指城乡规划、城乡产业发展、城乡市场体制、城乡基础设施建设、城乡公共服务和城乡管理体制建设一体化;"四大基础工程"指实施农村土地综合整治、农村产权制度改革、村级公共服务和社会管理改革、基层民主政治建设工程。

② 陈传轩. 让农业有奔头,让农民有干头:成都加快实施乡村振兴战略推进城乡融合发展 [N]. 人民日报, 2018-02-12 (17).

流动的人口迁徙制度，建立农村集体经营性、建设用地入市制度，完善农村产权抵押担保权能，搭建城乡产业协同发展平台，建立生态产品价值实现机制。成都改革新实践是其在新时代对城乡一体化改革的全面提升和深化。

鄂州改革实践。湖北鄂州运用"全域鄂州"的规划理念，形成城乡统筹、相互衔接、全面覆盖的规划体系和监督执行体系，统筹推进户籍管理、就业、教育、医疗等十个重点领域和关键环节的改革，着力推进城乡规划一体化、产业发展一体化、基础设施建设一体化、公共服务一体化、社会保障一体化、市场体系一体化和基层党建一体化，实现了城乡一体化的供水、交通、医保、社会救助、文化体育、低保、社会保险、就业服务等八个方面的全覆盖。进入新时代，鄂州精准廓清城乡发展目标，继续坚持"多规合一"，探索在现有全市经济和社会发展"十三五"规划、城乡建设规划、土地利用规划、生态环境保护规划的基础上，继续融合林地建设保护规划、水系治理建设规划、农村路网建设规划，实现"七个规划一张图，一张蓝图管全域"。可以说，鄂州城乡一体化改革着力提高发展的整体性和协同性，城乡融合发展高歌猛进，折射着鄂州城乡统筹发展的深度和广度。①

嘉兴改革实践。浙江嘉兴在统筹城乡发展方面较早进行了探索和实践，早在2008年，嘉兴就成为浙江省统筹城乡综合配套改革试点区，起步阶段的改革举措可以概括为"二轮驱动、三位一体、五改五化"，其具体内涵是，选择新型城市化与新农村建设二轮驱

---

① 周洪文，曹彦. 穿越市井田园的宏图：看鄂州从城乡统筹走向城乡融合［N］. 鄂州日报，2018－08－24（1）.

动的发展路径，依靠发挥政府主导作用、民众主体作用、市场基础作用三位一体的动力机制，以土地、户籍、公共服务、政府管理和投融资五项制度改革联动，实现进城农民市民化、集体土地市场化、公共服务均等化、政府职能民本化和投资融资多元化的改革目标，推进城乡经济社会发展一体化。2008年以来，在统筹城乡综合配套改革试点中，嘉兴市启动实施了以改革优化土地使用制度（"两分两换"①）为核心、"十改联动"②为主要内容的统筹城乡综合配套改革，统筹城乡发展水平居浙江省前列，各县（市）都已进入全面融合的发展阶段，农业供给侧结构性改革步伐加快，现代都市型生态农业发展成果显著，现代农业产业体系、生产体系、经营体系基本建立，2019年农村居民人均可支配收入连续16年居浙江省第一，城乡居民收入比缩小到1.66∶1。党的十九届四中全会以来，嘉兴全域纳入国家城乡融合发展试验区浙江嘉湖片区，承担着建立进城落户农民依法自愿有偿转让退出农村权益制度，建立农村集体经营性建设用地入市制度，搭建城乡产业协同发展平台，建立生态产品价值实现机制，建立城乡基本公共服务均等化发展体制机制等改革任务。

江苏苏州处在改革开放前沿，作为全省唯一的城乡一体化发展综合配套改革试点区和全国城乡发展一体化综合改革试点城市，十多年来，苏州积极争取、主动承担重大改革试点任务，先后承担了城乡发展一体化综合改革、农村集体资产股份权能改革、土地承包经营权退出改革、农业保险、村民自治等12项全国农村改革试验

---

① "两分两换"，即把宅基地与承包地分开，搬迁与土地流转分开，以宅基地置换城镇房产，以土地承包经营权置换社会保障。
② "十改联动"，即两分两换、统筹城乡就业、社会保障制度、户籍管理制度、居住证制度、涉农工作管理体制、新市镇建设管理体制、农村金融体制、公共服务均等化体制、规划管理体制十大改革联动。

任务，成为承担全国农村改革试验任务最多的地区之一，改革综合试验效应凸显，城乡统筹发展水平居全省乃至全国前列。苏州以制度创新为关键，坚持"三农"与"三化"互动并进，通过"三集中""三形态""三置换""三大合作"① 等系列制度创新，基本建立城乡统筹规划等政策、体制和制度体系，基本形成城乡发展规划、产业布局、资源配置、基础设施、公共服务、就业社保和社会管理等"七个一体化"新格局，探索在经济发达、土地紧缺、反哺能力强的地区统筹城乡发展的路径。进入新时代，苏州以实现更高水平城乡一体化为总目标，不断深化对城乡发展一体化规律的认识，以共同富裕的指导思想为统领，以农民增收、农业增效、集体经济不断壮大为目标，聚焦农村人居环境整治、"三高一美"（高标准田园小综合体、高标准水产养殖、高标准蔬菜生产和美丽生态牧场示范基地）推进、"千企入园"、新型农业经营主体提升、农产品区域公用品牌培育、共享农庄（乡村民宿）发展、农产品加工业提升、农业科技创新引领、农村集体经济壮大、农村改革深化等十项重点工作，探索破解农村集体经济融合发展、闲置宅基地盘活利用等改革难题，全面推进城乡发展一体化综合改革试点的"八个示范区"② 建设，着力破除城乡二元结构，有效缩小城乡差距，积极探索了一条以共同富裕为核

---

① "三集中"，指农户向社区集中、承包耕地向规模经营集中、工业企业向园区集中。"三形态"，指地处工业和城镇规划区的行政村加快融入城市化进程；工业基础较强、人口较多的行政村加快就地城镇化步伐；地处农业规划区、保护区的行政村推动第一产业与二、三产业融合。"三置换"，指集体资产所有权、分配权置换社区股份合作社股权；土地承包权、经营权通过征地置换基本社会保障，或入股置换权；宅基地使用权置换城镇住房，或货币化置换，或置换二、三产业用房，或置换置业股份合作社股权。"三大合作"指土地股份合作社、社区股份合作社和农业专业合作组织。

② "八个示范区"，根据国家发改委批复的《江苏省苏州市城乡发展一体化综合改革试点总体方案》，苏州城乡一体化改革试点主要任务是着力打造八个示范区，即着力打造新型城镇化发展、共同富裕、"四化"同步发展、公共服务均等化、生态文明、和谐社会、土地资源节约集约利用、城乡金融制度改革等八个示范区。

心价值,具有时代特征、中国特色和苏州特点的城乡发展一体化之路。苏州争创全国城乡发展一体化示范区,率先基本实现农业农村现代化,为全国城乡一体化改革发展积累经验、提供借鉴。

五地改革试验都被列为当地党委、政府的中心工作,都在推进以政策、机制体制、制度为主要内容的制度性变革,是涵盖了经济、政治、文化、社会和环境生态的全面系统的改革,是多领域展开的改革。五地改革试验实现全方位、多方面的密切配合与协同推进,使改革呈现出全面性和系统性的特征,深刻影响着中国当下城乡关系和城乡格局。五地改革试验共同探索了经济、政治、文化、社会和生态各个方面的城乡一体化,在土地制度、农民身份转换、基本公共服务均等化、新农村建设等领域的改革有了突破性的进展,五地成为带动作用强、统筹水平高、体制机制活的统筹城乡发展先行区。重庆、成都成为西部地区建立统筹城乡发展制度的典范,苏州、嘉兴成为东部建立城乡一体化发展的样板。良好的改革环境和实践积累为新时代苏州进一步全面深化城乡一体化改革提供了坚实的实践支撑。

(三)新时代苏州城乡一体化发展迫切呼唤进一步全面深化改革创新

城乡一体化是一个需要不断探索和完善的过程,是一个不断提出问题、界定问题、分析问题和解决问题的过程。

从理论上看,无疑,当前中国城乡一体化改革发展的理论体系已经基本形成,丰富和发展了马克思主义城乡融合思想,丰富和发展了世界城乡关系理论。但不可否认,基于新时代发展要求,当下中国城乡一体化改革发展仍有不少理论上的盲点和困惑,如:城乡融合视野下的城乡二元结构如何进一步破除,农村生产力要素如何集约和有效实现,农村农民主体性如何进一步体现,城乡一体化与工业化、城市化、现代化、信息化步伐如何深度耦合,城乡一体化改革发展与市场体制、行政管理体制、文化发展体制、社会管理体制、生态文明体制改革如何深度耦合,乡村振兴如何深度融入新时代中国特色社会主义"五位一体"的事业布局和"四个全面"的战略布局,等等。这些实践问题苏州会先期面对,迫切需要从理论上予以探索突破,而这恰是新时代深化苏州城乡一体化改革研究的理论动因。

从实践上看,城乡一体化是一种高级的经济社会结构形态,缩小并最终消除历史形成的城乡差距是社会主义的本质要求,也是全面建成小康社会和社会主义现代化建设所必须解决的现实问题,建立健全城乡融合发展体制机制和政策体系,走城乡融合发展之路,是现代化建设的应有之义和必然趋势。进入新时代,苏州因处于中国改革开放的最前沿,因而也处于当代中国经济社会结构转型和现代化建设的最前沿。随着工业化、城镇化、农业现代化、信息化、市场化和国际化的不断发展,推进城乡发展一体化工作的内容本身也有所变化,需要在理论上不断进行总结、提升和深化,在实践中不断探索、创新和拓展。当前,一方面,苏州在推进统筹城乡改革、实施城乡一体化发展方面具有一定优势,但对照中央实施乡村振兴战略的总要求和省委的具体部署,还存在诸多短板。城乡发展不平衡、不充分的现象依然存在,农村三次产业不平衡,现代农业发展不充分;农民收入不平衡,增收渠道不充分;城乡投入不平衡,乡村建设不充分,不少村庄离"生态宜居"还有较大差距。尤其是对照2020年高水平全面建成小康社会、对照2022年率先基本实现农业农村现代化的阶段性目标，苏州农业农村的高质量发展还存在着不少短板、弱项。比如，农村环境和公共服务设施短板明显，乡村产业结构和发展动能还有待提升，促进农民持续增收任务依然艰巨，乡村治理体系和治理能力亟待强化等。如何走出一条具有苏州特点、体现标杆水平、城乡融合发展的乡村振兴之路？这个问题需要我们下一步在实施乡村振兴战略中去着力解决。另一方面，中国特色社会主义进入新时代，"高水平全面建成小康社会之后城乡发展道路怎么走"的历史之问迫切地摆在苏州面前，特别需要从现代化视角去思考城乡改革发展问题。城乡一体、城乡融合是国家现代化的重要标志，城乡一体化过程即是迈向整体均衡的现代化过程，现代化的治理理念无疑应该包含其中。在"完善和发展中国特色社会主义制度，推进国家治理体系和治理能力现代化"总目标的统领下，党的十八届三中全会从"加快构建新型农业经营体系，赋予农民更多财产权利，推进城乡要素平等交换和公共资源均衡配置，完善城镇化健康发展体制机制"等几个方面进行改革部署；在此基础上，党的十九大不仅进一步明确提出建立健全城乡融合发展的体制机制和政策体系等改革要求，而且进一步明确按照"产业兴旺、生态宜居、乡风文明、治理有效、生活富裕"乡村振兴总要求，加快推进农业农村现代化，这就把农村现代化与农业现代化一道纳入社会主义现代化国家建设体系当中，使现代化建设的内涵更全面、更科学，也使"国家治理现代化"的建设思想得以充分体现和贯彻落实。党的十九届四中全会审议通过的《中共中央关于坚持和完善中国特色社会主义制度、推进国家治理体系和治理能力现代化若干重大问题的决定》再次指出，要实施乡村振兴战略，完善农业农村优先发展等制度政策，健全城乡融合发展体制机制。可见，从

"十三五"开始,在高水平决胜全面建成小康社会、开启全面建设社会主义现代化新征程中,苏州城乡一体化改革的历史方位、特征和内涵、目标等无疑都应体现"现代化"这一新要求新变化。主要表现在:从阶段上看,现阶段苏州城乡一体化状况总体高于全国平均水平,已普遍进入高水平决胜全面建成小康社会、率先向基本实现现代化迈进的发展阶段;从特征上看,这一阶段的城乡一体化有着鲜明的新特征,即指向"现代化";从内容上看,城乡一体化改革发展必然不能机械地仅限于各方面的一体化,而应更加突出各方面制度层面的现代化,即体现国家治理体系和治理能力的现代化。

从政治担当上看,党的十六大后,基于中央和省委期待,苏州开启了"两个率先"① 的伟大实践,因此,苏州城乡统筹、推进城乡一体化从一起步就被赋予了"两个率先"的丰富内涵和政治使命。在此背景下,苏州国民经济和社会发展"十二五"规划纲要和第十一次党代会,都把"城乡一体"作为推进"两个率先"、建设"三区三城"② 的实施战略之一,党代会报告更是明确提出,要更高水平破解二元结构,提升城乡一体化水平,确保城乡一体化水平走在全国前列。党的十八大以来,苏州更是将城乡一体化发展作为苏州高水平决胜全面建成小康社会,率先开启社会主义现代化进程的重大课题。城乡一体化水平既是苏州高水平实现"两个百年目标"的重要内容,又是衡量苏州高水平实现"两个百年目标"进

---

① "两个率先",即率先全面建成小康社会,率先基本实现现代化。2003年,为全面贯彻落实中共十六大精神,江苏根据经济社会发展基础,提出了率先全面建成小康社会,率先基本实现现代化的奋斗目标。

② "三区三城",是苏州市委十届十次全体扩大会议提出的经济社会发展具体目标,即科学发展的样板区、开放创新的先行区和城乡一体化的示范区,以及高端产业城市、最佳宜居城市、历史文化与现代文明相融的文化旅游城市。

程的重要指标，事关苏州高水平全面建成小康社会和全面建设社会主义现代化的进程和质量，对苏州勇当"两个标杆"、建设"四个名城"①有着重大意义。苏州要勇当"两个标杆"，建设"现代国际大都市，幸福美丽新天堂"，最艰巨、最繁重的任务在农业农村，最广泛、最深厚的基础也在农业农村，没有高水平的城乡一体化就没有高水平的全面建成小康社会，没有农业农村的现代化就没有苏州的现代化。

基于中国特色社会主义进入新时代这一宏大历史背景，深化苏州城乡一体化改革有着鲜明强烈的时代要求，这是苏州高水平决胜全面建成小康社会、率先开启全面建设社会主义现代化进程的必然选择，是苏州继续走在"强富美高"新江苏建设前列的必然要求，是苏州勇当"两个标杆"的内生要求。如何顺应新时代现代化发展需要，更高层次推进城乡一体化改革发展，全面实现乡村振兴，成为当下苏州城乡发展的新命题，而这恰是深化苏州城乡一体化改革研究的实践动因所在。

二、新时代全面深化改革，从城乡一体走向城乡融合的研究意义

本书研究意在通过密切关注城乡关系改革的前沿理论和前沿实

---

① "两个标杆"，指苏州不仅要成为高水平全面建成小康社会的标杆，而且要成为探索具有时代特征、江苏特点的中国特色社会主义现代化道路的标杆，这是2017年9月18日江苏省委常委会专题研究苏州市工作时提出的，是江苏省委站在建设"强富美高"新江苏、推进"两聚一高"新实践的大局高度，对苏州工作提出的全新要求。"四个名城"是苏州市委在传达学习省委常委会专题研究苏州市工作会议精神的全市领导干部会上提出的，即苏州要建成具有国际竞争力的现代产业名城，开放包容的创新创业名城，富裕文明的美丽宜居名城，古今辉映的历史文化名城。

践，在总结苏州城乡一体化改革工作、凝练苏州城乡一体化改革的经验与特色、剖析苏州城乡一体化改革面临的普遍性问题和挑战的基础上，开展创新性研究，力求为进一步深化苏州城乡一体化改革、提升城乡一体化发展水平提供一定的借鉴与启迪。

（一）理论价值

揭示苏州城乡一体化改革实践中的最富典型性的变革及其基本方面，特别是进一步揭示蕴于其中的中国城乡一体化改革发展的普遍性规律，将会丰富这一领域的研究内容，对进一步推进新时代苏州乃至全国城乡一体化改革发展，从城乡一体走向城乡融合起到促进作用，也为其提供有益启迪。如下这些对城乡一体化改革发展的普遍性规律的揭示，有着丰富的理论价值：揭示深化苏州城乡一体化改革的理论动因和实践动因；揭示苏州城乡关系，特别是城乡一体化改革发展的历史分期及特征，并做出新判断，即与率先基本实现现代化进程相适应，苏州城乡一体化改革正处在第四阶段即全面深化发展阶段，特征是改革与发展并举；揭示苏州城乡一体化发展走向自觉以及快速发展的政策动因；以发展和改革两个视角揭示苏州城乡一体化改革的成效；对苏州城乡一体化改革基本经验进行集成概括；深刻剖析深化苏州城乡一体化改革面临的新趋势、问题挑战和致因；详尽提出全面深化苏州城乡一体化改革的总体思路、目标、重点内容和对策措施，强调全面深化苏州城乡一体化改革的基本思想，即必须由侧重外生性强力推动向高度关注内生性力量成长转变，由侧重城向乡单向流动为主向城乡双向互动深度融合转变，沿着市场化、产业化、均等化、共享化、自主化、民主化、公平公正等现代化发展方向继续深化和转型，提高农村经济、政治、社会、文化、生态自主发展能力，提高城乡共建共享、双向深度融合能力，从而形成与苏州经济社会现代化发展趋势相契合的更高境界的城乡一体化发展新格局。

（二）实践意义

统筹城乡、推进城乡一体化改革发展、实现乡村的全面振兴是促进苏州经济社会高质量发展的必然要求。在实践中，城乡一体化改革发展不仅是苏州现代化发展的重要内容、重要战略、重要抓手和必由路径；也是苏州经济社会谋求全面转型升级高质量发展的内生需求；更承担着为全省乃至全国作出示范的历史重任。本书提出的观点和建议将有利于推动苏州城乡一体化发展综合配套改革试点工作，有利于全面推进苏州城乡一体化改革实践深化，有利于更好发挥苏州改革试点的示范和引领作用。

第二章

苏州城乡一体化改革的非凡历程和历史性成就

城乡一体化是在生产力发展到一定水平、城市化发展到一定阶段时,城乡之间由分离割裂走向融合协调的持续发展过程,这是一个长期的、动态的演进过程。改革开放以来,伴随着工业化、城市化、现代化和信息化发展,苏州不断推进改革,探索不止,城乡关系不断演进优化,城乡一体化水平不断提升,农村人民群众的获得感、幸福感不断增强。

一、苏州城乡一体化改革的历史沿革

历史上的苏州,是个典型的农业城市、消费城市。20世纪80年代以前,与全国一样,苏州城乡处于二元分割发展阶段,农村发展缓慢。从20世纪80年代以后,与苏州经济社会发展的脉络和轨迹相一致,苏州城乡关系进入了新时期,这一时期大致可分三大阶段。

(一) 20世纪80年代到90年代,基础积累阶段

这其中分两段,一是以乡镇工业大发展为特征的城乡联系发展

阶段，加快了农村工业化进程；二是20世纪90年代，以小城镇兴起和开发区建设为特征的城乡互动发展阶段，加速了农村城镇化步伐。在这一阶段，苏州广大城乡走上了"城乡结合"发展之路。至新世纪初，城乡工业化、城市化、现代化发育水平和均衡水平均领先全国，为城乡统筹、推进城乡一体化打下了坚实的基础。

（二）"十五"时期，新农村建设全面实施阶段

党的十六大后，苏州农村经济社会发展整体进入城乡统筹全面实施阶段。这一阶段，因城乡统筹、推进城乡一体化之于区域经济社会发展有着重大深远意义，苏州各地均将城乡统筹、城乡一体化列入区域发展战略，侧重切实增强工业反哺农业、城市支持农村的能力，侧重更好发挥农业、农村对工业和城市发展的促进作用，并加大投入，尤其是公共财政支农力度，大幅度改变了农村生产生活方式。因此，以加快城市化进程和新农村建设为特征的城乡统筹发展阶段，加快了城乡一体化步伐。

（三）从"十一五"时期开始到现在，城乡一体化综合配套改革纵深推进阶段

以党的十七大提出的"形成城乡经济社会发展一体化新格局"为标志，苏州统筹城乡发展、推进城乡一体化的实践依靠改革进入纵深推进阶段，在新型城镇建设、集体经济壮大、农民持续增收、现代农业园区发展、生态环境优化、公共服务均等方面实现了新的更大跨越。2008年，苏州市城市化率达到66%，地区生产总值达到6701亿元，人均GDP达到11494美元。（数据来源：苏州市统计局）雄厚的经济基础和较高的城镇化水平，为推进城乡发展一体化改革创造了有利条件。因此，这一阶段改革主要以公共政策创新

为引擎，侧重加快体制机制和制度上破除壁垒，侧重城乡要素合理配置和平等流动，建立城乡要素公平交换机制、技术要素共享机制、管理要素协调共建机制，农村生产方式和生活方式有了许多跨越式改变。回顾十多年来改革历程，以时间节点划分，苏州城乡一体化综合配套改革历程大致可分为三个阶段。

1. 综合配套改革探索起步阶段（2008—2011年）。2008年9月，省委、省政府批准同意苏州提出《关于要求将苏州市列为江苏省城乡一体化发展综合配套改革试点区的请示》，将苏州确定为全省唯一的城乡一体化发展综合配套改革试点市。由此，苏州开启了新时期城乡发展一体化改革试点新征程。这一阶段，苏州利用改革试点有利条件，持续推动制度创新、政策创新、实践创新。按照省委、省政府改革试点部署，将张家港市金港镇等23个镇设为城乡一体化发展综合配套改革试点工作先导区，围绕五项具体任务展开：（1）加快形成城乡经济社会发展一体化体制机制；（2）加快形成农民持续增收的长效机制；（3）加快形成发展现代农业和农村新型集体经济的动力机制；（4）加快形成城乡公共服务均等化的运行体系；（5）加快形成城乡一体的行政管理体制。主要推进十项重点改革：（1）建立城乡资源增值收益共享机制；（2）创新现代农业发展机制；（3）完善农村"三大合作"改革；（4）健全城乡统筹就业创业制度；（5）加快城乡社会保障制度接轨步伐；（6）深化农村金融体制改革；（7）建立健全生态环境补偿制度；（8）强化公共服务体系建设；（9）深化农村行政管理体制改革；（10）健全城乡一体的领导体制和工作机制。苏州主动先行先试、勇于实践创新，顺利完成了省委、省政府交办的改革任务，并创造了"三集中"（农村工业企业向工业规划区集中、农民向新型社区集中、农业用地向适度规模经营集中)、"三置换"(以承包土地置换土地股份合作社股权、以宅基地置换商品房、以集体资产置换股份)、"三大合作"(土地股份合作社、社区股份合作社、农民专业合作社等为代表的农民新型经济合作组织)等生动鲜活的做法,取得初步成效。2010年,苏州被国家发改委列为城乡一体化发展综合配套改革联系点。2011年,中央农村工作领导小组将苏州列为全国农村改革试验区,具体承担"城乡发展一体化改革"试点任务。

2. 综合配套改革重点突破深化阶段(2012—2015年)。这一阶段,改革重心向村镇一级下移,着力补齐农业农村发展短板。按照国家级改革试点要求,重点在深化"三项制度"(农村土地管理制度、农村户籍制度和农业支持保护制度)改革以及"三大并轨"(城乡最低生活保障、养老保险和居民医疗保险制度并轨)方面做探索,创造形成了"三优三保"(优化建设用地空间布局保障发展,优化农业用地结构布局保护耕地,优化镇村居住用地布局保护权益)、"政经分开"(在农村治理中实现行政管理职能与经济发展职能相分离)、"股权固化"(对原村级集体资产,按一定标准将其股权份额量化给该集体经济组织成员以后,具体量化到人、固化到户,以户为单位可继承、可转让,"生不增、死不减",不再因家庭成员户籍、人口发生变化而调整股权)、美丽乡村建设与新市民积分制管理新经验。同时建立健全粮食价外补贴政策,构建农业保险和担保制度,实施生态补偿机制,设立城乡一体化引导基金,这一系列以城带乡、以工补农的支农政策,为城乡融合工农互动发展、"三农"共享工业化城市化发展红利,特别是加快农业农村现代化做了大量积极探索,得到上级充分肯定。2014年,国家发改委将苏州市列为国家城乡发展一体化综合改革试点市,省政府做出《关于苏州市城乡发展一体化综合改革试点有关事项的批复》，从扩大经济发达镇行政管理体制改革试点、加快农业综合开发步伐、促进农村合作经济规范健康发展、提高土地节约集约利用水平、增强养老保险资金调剂功能、延长财政往来借款期限并扩大规模、对农民购置集中居住房给予支持、支持设立农村产权交易中心、拓宽城乡建设融资渠道、支持开展农村土地承包经营权抵押贷款试点等十个方面给予苏州政策支持。

3. 综合配套改革全面提升阶段（2015年至今）。此阶段亦即城乡融合发展阶段。这一阶段全面深化整体提升，全面推进城乡一体示范区建设，推进苏州城乡发展一体化迈向城乡融合发展，既是进一步提高苏州城镇化质量的内在要求，也是加快落实乡村振兴战略、提升苏州在扬子江城市群乃至长三角世界级城市群中战略地位和作用的必然选择，更是苏州经济社会迈向高质量发展的必然选择。城乡发展一体化是城镇化的必然趋势，城乡融合发展是城乡发展一体化的高级阶段，其本质都是更加注重内涵发展，提高城镇化发展质量。这一阶段，苏州坚持以建成苏南现代化示范区建设的样板和全国城乡发展一体化示范区为目标，重点围绕八个"示范区"建设（新型城镇化发展的示范区、共同富裕的示范区、"四化"同步发展的示范区、公共服务均等化的示范区、生态文明的示范区、和谐社会的示范区、土地节约集约利用的示范区、城乡金融改革创新的示范区）推进改革。同时，承担推进全国农村改革试验区专项试点任务。2015年，经中央深改组、国务院同意，吴中区承担了农村集体资产股份权能改革试点任务，并在任务完成后将集体资产股份权能改革试点拓展为农民集体收益分配权退出试点。2016年，苏州又新增四项农村改革试验任务，具体是苏州高新区承担的"土地承包经营权有偿退出试点"、苏州市承担的"重要农产品收入保险试点"、张家港市承担的"政府购买农业公益性服务机制创新试点"和"以农村社区为基本单位的村民自治试点"。至2019年,苏州相继承担了12项国家级农村改革试验任务,已结项5项,通过评估4项,剩余3项(土地承包经营权有偿退出试点、重要农产品收入保险试点、政府购买农业公益性服务机制创新试点)正在稳妥推进。已有试点经验形成全国范例,还有5项改革任务正在申报国家级和省级试点,包括探索开展蔬菜种植期限指数保险、收入保险及违约责任保险,探索建立新型职业农民制度试点,探索"惠农贷"——小额贷款支农创新试点,探索闲置宅基地盘活利用试点,探索推进农村集体经济融合发展试点,等等。

综上,改革开放以来,特别是2008年推进城乡发展一体化综合配套改革以来,苏州坚持把加快推进城乡一体化发展综合配套改革试点作为深入贯彻习近平新时代中国特色社会主义思想特别是新发展理念的重大举措,作为中央和省委、省政府交给苏州的重大政治任务,作为苏州实现发展新跨越的历史机遇。苏州牢固确立城乡一体化发展导向,突出科学规划、富民优先、制度创新、组织建设等发展要素改革联动,坚持重点突破、整体推进、典型示范等技术路径,以富民优先为导向、科学规划为引领、制度创新为关键、转型升级为路径、固本强基为保障,科学谋划,重点突破,整体推进,相继出台了《苏州市社会主义新农村行动计划》《苏州市关于城乡一体化发展综合配套改革的若干意见》《苏州城乡一体化发展综合配套改革三年实施计划》和《中共苏州市委 苏州市人民政府关于全面推进城乡一体化改革发展的决定》《中共苏州市委 苏州市人民政府关于聚焦富民持续提高城乡居民收入水平的工作意见》

《苏州市乡村振兴三年行动计划》等140多个政策文件。并确立了23个先导区先行先试、示范引领，坚持"三农"与"四化"（促进工业化、信息化、城镇化、农业农村现代化同步发展，更加重视农业农村和农民的现代化）互动并进，通过"三形态"[①]"三集中""三置换"[②]"三大合作"[③]"三大并轨"[④]"三优三保""八个示范区"等系列制度创新和路径创新，着力破解二元结构矛盾，率先形成城乡发展规划、产业布局、资源配置、基础设施、公共服务、就业社保、社会管理、生态环境建设"八个一体化"新格局，带动城乡结构显著优化。尤其是城乡基本公共服务均等化水平得到显著提升，探索实践取得了显著成效。表现在：

——规划一体化：引入片区发展等先进规划理念，打破空间分割，引导城乡空间有序融合。

——产业一体化：打破产业分割，促进城乡产业联动发展。

——资源配置一体化：创新土地优化配置模式、搭建城乡权益置换平台、降低农民进城安居门槛等渠道，打破发展要素分割，推动城乡要素优化组合。

---

① "三形态"，指侧重统筹规划、特色塑造、长效管理相结合，因地制宜打造彰显江南水乡特色的镇村发展的形态：地处工业和城镇规划区的行政村，以现代服务业为主要发展方向，加快融入城市化；工业基础较好、经济实力较强、人口规模较大的行政村，以新型工业化为主要发展方向，加快就地城镇化；地处农业规划区、保护区的行政村，以现代农业为主要发展方向，加快农业农村现代化。

② "三置换"，指集体资产所有权、分配权置换社区股份合作社股权；土地承包权、经营权通过征地置换基本社会保障，或用置换权入股；宅基地使用权置换城镇住房，或货币化置换，或置换二、三产业用房，或置换置业股份合作社股权。即农民持股、有保障、换房进城进镇，维护和保障了农民在城镇化进程中的经济权益。

③ "三大合作"，指土地股份合作社、社区股份合作社和农业专业合作社组织，意在推行资源资产化、资产资本化、资本股份化，初步形成农民多元化收入结构，探索出经济发达地区农民持续增收、集体经济得以壮大的新途径。

④ "三大并轨"，指2011年实现城乡低保并轨，2012年实现城乡养老保险和居民医疗保险并轨。

——基础设施一体化：实施基础设施先行战略，助推城乡生产生活同质化。

——公共服务一体化：通过教育经费、优质师资向农村倾斜，先进技术、医务人才向农村流动，广电设施、文化功能向农村延伸，社区公共服务中心建设向农村拓展等途径，打破公共服务供给固有机制，追求城乡公共服务均等化。

——就业社保一体化：让居民享有同等的就业社保政策福利，打破二元福利分配机制，逐步实行城乡保障并轨。

——生态文明建设一体化：推进村庄环境整治、生态修复和补偿，打破二元环保机制，注重城乡环境共同改善。

——社会管理一体化：探索政府管理方式由单向管理为主向多元、综合管理为主转变，打破二元管理机制，维护城乡和谐稳定。

回望上述改革开放以来苏州城乡关系发展的历史沿革，可以看出，从党的十六大开始，尤其是党的十六届三中全会召开之后，苏州城乡一体化发展走向高度自觉，苏州自此进入历史上苏州农业现代化推进力度最大、农村变化最快、农民得实惠最多的时期。特别是党的十七大以来，苏州凭借勇于担当、勇于创新和良好的发展基础获得国家、省两级支持，先后成为国家发改委"城乡一体化发展综合配套改革试点联系点"、江苏省唯一"城乡一体化发展综合配套改革试点市"、农业部"全国农村改革试验区"，苏州拥有了江苏乃至长三角其他城市难以相比的政策空间和优势，以综合性顶层设计为特征的改革发展进入快车道。来自国家发改委、农业部和江苏省的这三项改革项目体现了国家相关部门和上级政府的大力支持，均突出了对二元结构的机制体制突破，突出了城乡关系的综合性、整体性顶层设计，而且试点、试验的期限、方案和总体目标、实施步骤基本一致,与苏州经济社会发展的五年规划相吻合,与苏州高质量发展、率先开启全面建设社会主义现代化新进程目标相吻合。进入新时代,苏州城乡一体化在高水平全面建成小康社会和开启全面建设社会主义现代化强国的高质量发展平台上必将得到更快发展。

 二、苏州城乡一体化改革的历史性成就

改革开放以来,苏州城乡一体化改革实践展现了一个发展要素在城乡自由流动,公共资源在城乡均衡配置,新型工业、服务业与现代农业互动发展,城乡空间结构更加合理的新型城乡关系。这种新型城乡关系有效拓展了城乡发展空间,也丰富提升了苏南模式的内涵。共同富裕道路愈加宽广,苏州城乡一体化发展品牌越来越响亮,改革实践试出了成效、试出了经验,充分发挥了"带头、先导、示范"的作用。党的十八大以来,苏州认真贯彻中央关于加快形成城乡发展一体化新格局的部署要求,紧紧抓住全国农村改革试验区和国家城乡发展一体化综合配套改革试点重大机遇,以率先高水平全面建成小康社会为总定位,每年列出20多项改革重点任务加以考核推进,不断加大工业反哺农业、城市支持农村的力度,推进城乡要素配置合理化、城乡产业发展融合化,基本形成了以工促农、以城带乡、工农互惠、城乡一体的新型工农城乡关系。城乡居民特别是广大农民群众在生产生活方面有了重大改善,百姓幸福感、获得感加速提升。苏州在改变思想观念、推进体制机制创新等很多方面工作得到中央和省委、省政府的充分肯定,创造了又一个苏州"三农"发展的黄金期。通过推进城乡一体化改革发展,苏州农业更有活力，农村更有实力，农民更加富裕。

（一）多规融合、城乡统筹的空间体系不断优化，新型城镇化发展示范区建设取得新进展

坚持规划引领，以"三优三保"推动规划落地，强化资源配置，拓展发展空间，守住发展红线，提升发展质量。一方面，加快推进产城融合。坚持以国民经济和社会发展规划为依据，土地利用总体规划、城乡规划、产业发展规划和生态保护规划"四规融合"，1个中心城市、4个城市副中心、50个中心镇的"1450"城乡空间布局体系基本形成，区镇合一管理体制普遍深化，"三优三保"行动计划实现50个镇全覆盖，工业企业资源集约利用系统以亩均效益榜单倒逼产业转型升级的先进经验在全省得到推广。至2017年，全市累计57.21万户160多万农民实现居住地转移和身份转变，城镇化率接近80%，农村劳动力非农化转移率达到90%以上；工业企业向园区集中的比例达92%，累计有58%的农民集中居住；累计建成各级各类现代农业园区面积达到120万亩，91%以上的承包耕地实现了规模经营，高效农业比例达60%。另一方面，加快建设美丽镇村，按照公共服务均等化改革要求，连续多年保持公共财政支出在城乡公共服务投入中占比78%以上，全市2.1万多个自然村落按照现代社区型、集中居住型、整治改造型、生态发展型、古村保护型等类型规划建设为一批新型社区，全市已建成超过1 000个农村社区服务中心，覆盖率超过98%，服务中心的建设和管理水平也在不断提高。加强被撤并镇老街老小区改造，新一轮规划将全市现有14 253个村庄规划调整为保留村庄（重点村庄、特色村庄）和一般村庄，确定发展重点村庄2 842个、特色村庄516个、一般

村庄10 895个，并完成了1 268个重点村庄、295个特色村庄规划编制。把美丽乡村建设列入政府实事工程，截至2018年年底，全市已累计建成康居特色村22个，美丽村庄示范点100个，三星级康居乡村1 541个，市级以上特色田园乡村56个（其中省级14个，市级42个），有6个村被评为"全国美丽宜居示范村"，11个村入选"江苏最美乡村"。

（二）优质高效、生态立体的现代农业加速转型，"四化"同步发展示范区建设取得新成效

突出农业的生产生活生态功能定位，不断拓展农业多元功能和价值利用开发，努力探索具有苏州特点的都市现代农业发展路径。一是完善优化"四个百万亩"产业布局。把完善优化"四个百万亩"①作为保护战略生态资源的关键举措，至2019年，全市已完成"四个百万亩"上图落地面积412.7万亩，优质水稻最低保有量稳定在110万亩以上，高标准农田比重达77.68%，居全省第一，实现了高标准农田建设乡镇全覆盖、涉农村80%以上覆盖，农业生产条件、农田生态环境得到较大改善，也推动了现代农业发展。二是加快建设现代农业园区。像抓开发区一样抓现代农业园区，至2018年年底，全市建成国家、省、市级现代农业园区56个124万亩（6个国家级现代农业示范区、9个省级现代农业示范区、41个市级现代农业园区）；拥有201家市级以上农业龙头企业；建成高标准农田165万余亩，占比达70%；全市农业综合机械化率达89.29%，农业科技进步贡献率2020年力争达到72%，农业现代化指数水平

---

① "四个百万亩"：指百万亩优质水稻、百万亩特色水产、百万亩高效园艺、百万亩生态林地。

自2010年以来稳居全省前列。三是积极培育新型职业农民，在全国率先建立城乡接轨的职业农民社会保障制度，对符合条件的职业农民采取"先缴后补"的方式给予定额社会保险补贴，至2018年年底计认定新型职业农民2 820名。四是促进农旅深度融合发展。按照全域旅游发展思路，推动农业、林业、渔业、水利与旅游、教育、文化、康养等产业深度融合，举办"苏州美丽乡村健康行"活动，会同市旅游局推出10条农旅融合精品线路，建成各类农业休闲观光基地（点）1 065家。2016—2017年全国"互联网+"农业会议连续两年在苏州召开，智慧农业园体系建设正由"盆景"转向"风景"。

（三）确权增利、合作共享的富民机制日益完善，共同富裕示范区建设亮点纷呈

始终坚持以人民为中心的发展思路，按照确权、赋能、增利的改革要求，通过一系列改革举措，在实现"农民富"上探索了一条新路。深化"股份合作制"改革，以被省农委确定为"农民合作社规范化建设整体推进市"为契机，按照"资源资产化、资产资本化、资本股份化"思路，大力发展农村社区股份合作、土地股份合作、农民专业合作、物业合作、劳务合作、民宿合作等新型合作经济组织，合作领域从农业向农村、产品向资本、存量向增量等方面拓展，放大农民经营性收入和财产性收入。一是土地制度改革不断深化，推进土地承包经营权确权改革，基本完成土地承包经营权确权登记领证工作。土地节约集约利用示范区建设不断创新。2018年，全市应确权的625个村基本完成颁证工作，证书发放率达到97%以上，全市90%以上的土地实现了规模经营，全市643家土地

股份合作社年分红近10亿元。常熟市、太仓市已启动"三权分置"改革框架下的土地承包经营权赋能试点工作。二是全面完成农村社区股权固化改革，实现了全市农村社区股权固化全覆盖。2018年，全市1 278个村共组建1 324家社区股份合作社，惠及122万农户，净资产达467亿元，保障了农民集体资产所有权、收益分配权等权益。全市各类合作社年分红金额36亿元以上，户均接近3 200元。三是积极探索"精准帮扶"有效机制。在全省率先建立困难家庭"一户一档一策"精准帮扶机制，启动建设"阳光扶贫"信息系统，全市有6.1万户7.3万名城乡困难群众常年享受政府补助，2019年城乡低保标准提高到995元/月。至2018年年末，全市镇村两级集体总资产量已达1 970亿元，2019年全市村均可支配收入达936万元，所有集体经济薄弱村均实现200万元的脱贫目标；农村居民人均可支配收入32 420元，比全省平均水平高11 575元，继续保持全省第一；城乡居民收入差距由2008年的2.03∶1降低至1.958∶1，连续9年控制在2∶1以内。

（四）公共服务供给标准不断提升，公共服务均等化示范区迈上新台阶

苏州始终坚持公共服务普惠性原则，确保公共服务的公益性、普惠性；确保公共服务的资金投入有保障、资金来源可持续；完善公共服务均等化供给机制，提高所有社会成员共享公共服务的水平，城乡一体的公共服务机制更加均衡。在率先实现城乡低保、基本养老、医疗保险"三大并轨"基础上，逐年提高社保补助标准。2019年城乡低保标准提高到995元/月，特困人员供养、孤儿养育、重点优抚对象抚恤补助等标准同步调整，使发展成果更多、更公平

地惠及全体人民。城乡医疗、教育体系更加齐全。苏州全市90%的乡镇卫生院完成新一轮改造,乡镇卫生院达90家,农村卫生服务人口覆盖率达到了100%。公共文化服务体系初步形成。苏州推动教育、文化、卫生、体育等各项社会事业和公共服务设施向农村覆盖,努力打造城乡"十分钟文化圈""十分钟运动圈""15分钟健康服务圈"等公共服务体系,城乡服务均等化水平实现新跨越。全面建立城乡劳动力就业政策统一、就业服务共享、就业机会公平和就业条件平等的机制,扶持农村劳动力就业和创业。城乡客运网络实现全覆盖。在实现行政村公交通达率100%的基础上,苏州进一步优化了农村客运站(亭)的布局,至2017年,形成了以15个二级以上客运站、89个农村站、5 787个公交候车亭组成的基础设施体系。

(五)高效规范、共建共治共享的社会治理机制不断健全,和谐社会示范区建设开启新实践

自2017年开始,全面推进农村集体"三资"管理专项治理,高强度推进"五个全面"①,在加快推进清产核资的基础上,全面推行村级财务"第三方代理"、农村集体资产资源"线上交易"、村级资金"非现金结算"、村务公开"e阳光行动"及"政经分开"试点五项重点工作,打造苏州农村集体"三资"监管平台,形成了以资金管理为核心,以资产清查、账目管理为基础,以公开协商、合同管理、民主理财、财务审计等为重点的"三资"管理制度体系和"制度化+信息化+公开化"的监管模式,这一监管模式

---

① "五个全面",即全面推行村级财务第三方代理、村务e阳光微信公众号、村务卡非现金结算、农村产权线上交易、政经分开改革试点。

获"中国廉洁创新奖"。截至2017年年底,全市按照新标准完成农村集体资产清产核资工作试点镇33个、完成村409个,全面推行村级财务第三方代理制度完成村883个,全面推行"e阳光行动"完成村1 237个,全面推行村级资金非现金结算完成村1 278个、发放村务卡4 117张,实现农村产权线上交易完成6 910笔,合同总金额超过12亿元。目前,农村集体"三资"信息平台资产管理模块率先上线,之后向苏州智慧农村网发展,最终实现农村集体"三资"管理法治化、信息化、公开化、市场化、现代化,着力构建农村集体"三资"管理大数据的高效网、民生网和廉政网。苏州农村"三资"监管机制创新一是保障了农民经济权益和政治权利;二是保障了集体资产增值保值和集体经济健康发展;三是改善了农村干群关系;四是促进了乡村治理现代化,很大程度上促进了乡风文明。在苏州,"多元主体、协商共治"社区治理结构初步形成。由各类社会组织和社区居民广泛参与的新型社区服务管理模式覆盖全市城乡社区,形成了以高新区"政经分开"、太仓市"政社互动"、张家港市"村民自治"、姑苏区"三社联动"、工业园区"社区多元参与机制"为代表的一批城乡社区治理和服务创新示范典型。其中,太仓成为"全国和谐社区建设示范区"唯一县级市。

(六)统筹经营、精准转化的村级发展持续创新,升级壮大村集体经济取得新成效

坚持"以城带乡、以工促农",跳出农村发展农村,统筹城乡支持农村,以三大升级带动村级经济转型升级。2019年,苏州坚持市场导向,积极构建适应新时代要求的村级集体经济组织形式、发展模式、推进方式,推动集体经济高质量发展,村级集体年稳定性

收入均超过936万元，到2020年全市农村集体总资产力争超过2 100亿元。一是以平台经济推动发展主体升级。全市各镇普遍建设了村村联合的统筹发展平台，从单村独斗村村联建转变为镇级统筹平台和区级统筹平台，分享"三优三保"集约发展成果。吴中区镇级集团公司既致富农民又致富集体，实现了多赢，吴江区创新组建了50个薄弱村抱团发展的区级统筹平台（惠村公司）。近两年，全市平台经济统筹项目已占新增投资一半以上，成为村级发展的"主力军"。二是以多元业态推动经营项目升级。主动适应经济新常态，以平台高版本加速推进项目新业态，充分利用"一村二楼宇"支持政策，从原来新建标准厂房、商业店面和打工集宿楼为主转向城镇综合体、社会事业、股权投资为主，使村级经济与文商旅产业深度融合并提质增效，不仅有效增加了村级收入，也较好地满足了民生需求。三是以结对帮扶推动能量转化升级。创新实施"五个一"挂钩帮扶机制，安排100个机关单位帮扶100个经济相对薄弱村，重点派好驻村第一书记，局村结对承诺不转化不脱钩。建立了集体经济薄弱村村级公共服务支出财政转移保障机制，每个村落实40万元财政补贴专项用于薄弱村公共服务开支。2015—2017年补助经济相对薄弱村公共服务开支8 425万元，扶持集体经济相对薄弱村"造血"载体建设1.3亿元，支持经济相对薄弱村发展富民项目，体现扶弱有力度、转化有后劲的扶助思路。2018年农村集体资产增长超过7%。四是推进农业融合发展。苏州鼓励现代农业新业态、农业与互联网等新技术、电商与现代化农业经营融合，休闲农业、观光农业与创意农业取得显著发展。

（七）生态环境建设不断加力，生态文明示范区建设跨入新阶段

生态环境建设既是城乡一体化发展的重要抓手，也是新型城镇化高品质发展的标志。苏州持续推进16个示范镇优化提升和其他34个建制镇环境整治。大力推进水环境治理、美丽镇村建设、农村垃圾分类和资源化处置。启动实施农村生活污水治理三年行动计划，至2018年，完成了50个涉农乡镇的河网水系规划工作，打造水美乡镇18个、水美村庄176个，完成1 580个村庄生活污水治理工作，农村生活污水处理率达到80%，全面完成省下达的沿线绿化及环境专项整治任务。建成生态河道327公里、疏浚整治河道2 087条，总长1 546公里，基本消除城镇黑臭水体。已完工河道水质和岸线环境大大提升，群众满意度都在93%以上，部分河道提前实现"河畅、水清、岸绿、景美"的目标。自然湿地保护率达51.5%，农村陆地森林覆盖率由2008年的20.3%提升至29.4%。

（八）财金支农机制持续完善、支农体系更趋健全，城乡金融改革创新示范区建设取得新成效

党的十八大以来，市财政支农投入以年均10亿元速度递增，连跨70亿、80亿、90亿台阶，突破100亿元，充分发挥财政的政策导向功能和财政资金杠杆作用。一是支持农村金融创新。2015年设立全省首个城乡一体化建设引导基金，财政投资8亿元建立的城乡发展一体化母基金已带动社会资本46亿元，对城乡一体化基层建设项目给予低成本融资支持。同时，与国开行、农发行等国有政策性银行进行金融合作，开发城乡一体化项目贷款。二是建立生态补偿机制。2014年，生态补偿意见立法上升为《苏州市生态补偿

条例》，据苏州市财政局统计，自2010年苏州市创新实施生态补偿政策以来，截至2018年年底，8年累计投入生态补偿资金85亿元，103.88万亩水稻田、29.24万亩生态公益林、165个湿地村、64个水源地村、8.97万亩风景名胜区得到了补偿，使生态保护地区农户分享到了生态红利。三是完善保险担保体系。2018年，全市享受补贴农户超过28万户，补贴面积172万亩，发放农业支持保护补贴2.1亿元；全市共有37项政策性农业保险，成功开发的水稻收入保险和生猪价格指数保险，被列入国家级农业保险试点范例，农业担保网络体系已实现全覆盖，担保公司相继推出的"农发通""农贷通""农利丰"等融资担保产品，至2017年5月累计为农户、农村经济合作组织、农业企业等3 000多户提供了总额596亿元的金融服务。

历经多年城乡一体化体制机制改革，苏州基本建立起一系列深刻改变二元分割状态的发展机制，城乡融合发展机制不断创新，制度化成果示范全省全国。主要体现在：

一是基本建立了城乡统筹规划机制。按照全覆盖要求，县域、小城镇和新农村协调发展，城镇空间规划得到优化，镇村布局规划加快完善，工业、农业、居住、生态、水系等重大专项规划基本实现城乡对接。苏州市23个先导区已全面完成镇村布局规划和土地利用总体规划的修编，初步形成了"四规融合"（"四规"指的是城镇建设规划、土地利用规划、产业发展规划、生态建设规划）的规划体系。

二是基本建立了富民强村长效机制。农民就业创业渠道不断开辟，多元化增收机制初步建立，持续增收空间进一步拓展，收入结构发生根本性变化。

三是基本建立了现代农业发展机制。坚持以生产、生活、生态、生物为基本功能定位,创新农业发展载体、农业经营机制和农业支持保护制度,加快现代农业"园区化、合作化、农场化"建设步伐。

四是基本建立了生态环境建设机制。苏州在全省率先建立生态补偿机制,加强村庄环境治理。全域推进农村生活污水治理。按照2018年《乡村振兴三年行动计划》确定的新一轮农村污水治理三年计划目标要求,到2020年全市农村生活污水治理率将达到85%,90%以上的村建立垃圾无害化处理体系,重点河湖沿岸村庄治理率达100%。

五是基本建立了公共服务均等化运行机制。实现农村居民医疗保险、城镇居民医疗保险、新型农村社会养老保险全覆盖并正在走向并轨,苏州成为全国首个"统筹城乡社会保障典型示范区"。全市90%以上的农村劳动力实现稳定非农就业。以农村社区服务中心为重要载体,为农村、农民提供与城市居民均等的社区公共服务,基本实现了城乡交通、通信、有线电视等公共服务城乡一体化。

六是基本建立现代基层治理机制。全面形成"党建引领,政社互动"机制,建立"多元主体共治、多层协商共谋、多方联动公推"社区治理新体系,实现基层治理重心下移,基本实现治理主体多元化、治理方式科学化、社区服务社会化、协商民主制度化、治理手段信息化、社区文化品质化。

七是基本建立财金支农体系和机制。加大市级向下转移支付力度,统筹用好财政支农资金,大力支持脱贫攻坚,稳步提高各类救助标准,继续扩大生态补偿投入,支持农村环境综合整治,支持农业供给侧改革,支持创建现代农业产业园区,加大水利、道路、桥梁等农业农村基础设施建设，推进特色田园乡村和美丽乡村建设，推进城乡基本公共服务均等化，建立健全城乡融合发展体制机制和政策体系，促进乡村产业、基础设施和人民生活水平同步提升。

总体来看，苏州城乡一体化改革实践与经济社会发展要求相适应，已步入快速发展轨道，城乡一体化发展水平达到了四个"基本"：基本形成了城乡一体推进机制和推进体系；基本形成了有利于改变城乡二元结构的制度框架和政策体系；基本形成了城乡发展规划、资源配置、产业布局、基础设施、公共服务、就业社保和社会管理一体化的新格局；基本确立了城乡一体化改革发展在全省全国的品牌地位，城乡融合发展态势领跑全国。

三、苏州城乡一体化改革的基本经验

审视苏州城乡一体化改革实践及其成效，我们认为，苏州实践可以提炼出以下经验，这些经验对全国范围内的城乡一体化进程或许具有一定的借鉴意义。

始终重视发挥党委、政府的统筹推动作用，各级党委、政府以富民优先为导向，在决策、组织、财政投入上发挥了强有力的作用，特别是在社会保障、基础设施、社会事业、公共服务、现代农业体系、农民集中居住区等领域投入巨大，更多更好地发挥了政府的作用。党委、政府顺应经济社会发展的新要求和人民群众对美好生活的期待，体现了城乡一体化改革的效率性、时代性、人民性和示范性。

始终坚持农村土地集体所有制这个我国农村的基础性制度，充分发挥集体经济作用，使之在增加农民收入、改善农村基础设施、增加农民集体福利、组织农民走向共同富裕中发挥重要作用。在城乡一体化发展中重视集体经济的作用是"苏南模式"在新的历史时期的改革与创新。

始终坚持共同富裕,始终保持农业的基础地位,始终坚持现代化发展方向,始终坚持新发展理念,走富民强村之路、城乡协调发展之路。

始终坚持改革创新,坚持"三形态""三集中""三置换""三大合作""三大并轨""三优三保""八个示范区"等制度创新集成推进。

始终坚持发展与改革并举,坚持政府、市场、社会三方合力,坚持典型示范、重点突破、整体推进。

第三章

新时代苏州城乡一体化改革面临的新情况、新问题、新挑战

进入新时代,苏州改革发展站在新起点上,既有新机遇也有新挑战。尽管改革试点取得很大成绩,但必须清醒看到体制性、结构性、区域性不平衡、发展不充分的问题依然不同程度存在,现代化视域中苏州城乡一体化改革实践仍面临众多新情况、新问题和新挑战。虽相较于全国其他地方,苏州农业农村现代化走在了前列,但从苏州自身工业化、城市化和信息化发展来看,农业农村现代化仍然是苏州发展的短板。主要表现为,农业现代化发展路径、农村集体经济实现形式、镇村发展平衡性问题,农村"政经分开"环境下乡村治理方式转变困难问题,基层农经队伍体系相对薄弱问题,等等,这些问题如果不能很好解决,将制约江南水乡苏州的乡村振兴,也将影响苏州高水平全面建成小康社会和全面实现社会主义现代化的质量。

一、苏州城乡一体化改革被赋予"现代化"的新要求

进入新时代,党的十九大做出了决胜全面建成小康社会、开启社会主义现代化建设新征程战略决策,习总书记也强调"农业农村现代化是实施乡村振兴战略的总目标";习近平总书记还指出,推进农业现代化,要突出抓好加快建设现代农业产业体系、现代农业生产体系、现代农业经营体系三个重点;强调推进城乡要素平等交换和公共资源均衡配置,让广大农民平等参与现代化进程、共同分享现代化成果。这些新时代发展要求必然赋予这一阶段城乡一体化改革发展"现代化"新内涵。

二、苏州城乡一体化改革的新趋势

苏州城乡一体化历经十多年的探索,覆盖城乡的一体化目标体系、政策体系和制度体系正在大幅度释放发展、改革和创新的效应。以下几个新趋势尤为突出:

——村镇建设加快,多规融合日益得到重视和实现。

——富民进程加快,农民利益实现愈加得到重视,农民增收渠道和增收速度得到政策支持和保障,农民权益保护政策将会取得新进展。

——公共政策创新加快,城乡资源要素迫切需要深度流动和融合。涉及财政、土地、金融等资源性要素的公共政策改革创新力度加大。

——基层政府行政管理体制改革加快。以强镇扩权为特征的小城镇体制改革加快，将更加强调突出面向基层和群众的社会治理与公共服务职能，政府将在产业发展、规划建设、项目投资、安全生产、环境保护、市场监管、社会治安、民生事业等方面服务下沉，打破"最后一公里"壁垒。如民警进社区，城管进社区；增加镇级财权事权，与其承担的责任相匹配。

——农村发展和基层治理整体提升的改革加快。主要包括：经济方面探索集体经济有效实现形式，政治方面完善村级民主自治，文化方面加强社会主义核心价值观为主要内容的精神文明建设，社会方面培育多元化的社会组织，生态环境方面侧重于宜业宜居。

三、苏州城乡一体化改革面临的问题挑战和原因分析

尽管苏州城乡一体化改革取得了很大成效，明显缩小了城乡社会经济发展的差距，但与发展新要求和百姓新期待相比仍有一定差距，与日本等发达国家的城乡发展水平相比仍有较大距离。经过调研，我们认为，"十三五"时期乃至今后更长一段时期，苏州城乡一体化改革进一步深入、水平进一步提升将面临以下问题和挑战。

1. 农业质量效益仍然不高，农业基础设施和科技支撑能力有待提升。就农产品而言，突出问题是精深加工不足、产业链条短，农村一、二、三次产业融合不紧。就农业生态而言，农业发展存在过多使用化肥、农药、地下水和过度养殖、过度捕捞等现象，农业用水粗放，资源环境约束趋紧，农业绿色发展仍然任重道远。就农业现代化而言，苏州农业现代化水平虽高于全省乃至全国，但以现代化标准衡

量,则明显滞后于苏州的工业化和城镇化水平,与发达国家农业现代化水平相比,差距更为明显。以江苏省农业基本现代化进程监测指标为据,在省定6大类21个监测指标中,苏州已多年位列全省首位,但农业信息化覆盖率、高效低毒残留农药使用面积达标率、新型职业农民达标率、农产品国际化等指标,与2022年率先基本实现农业农村现代化目标相比,仍有明显差距和提升空间。

2. 农民增收压力依然较大,大幅度提高农村居民收入水平面临着挑战。表1所示是苏州城乡一体化改革以来农村居民收入基本情况,从中我们可以看出,2008年到2019年虽然是苏州历史上城乡统筹、城乡一体化改革发展力度和投入最大时期,且这一时期苏州是全国城乡收入差距最小的地区之一,但城乡居民收入差距缩小的程度不够明显。由于当前国内外环境的变化和宏观经济下行压力增大,收入增长的空间受限,农民持续增收后劲不足。对比2011年的"居民收入六年倍增计划"①和"十三五"规划要求(农村常住居民人均可支配收入高于GDP增速,且到2020年,城乡居民收入比达到1.9∶1),加之,苏州农村居民收入增速基数相对较高,农民持续增收难度不容低估。

表1 苏州城乡居民收入比

年份	农民人均纯收入(元)	农民人均纯收入年增长率(%)	城乡收入比
2008	11 785	12.5	2.025∶1
2009	12 969	10.0	2.029∶1

---

① "居民收入六年倍增计划",2011年,江苏省委、省政府出台《关于实施居民收入倍增计划的意见》,提出全省到2017年实现居民收入倍增。

续表

年份	农民人均纯收入（元）	农民人均纯收入年增长率（%）	城乡收入比
2010	14 657	13.0	1.994∶1
2011	17 226	17.5	1.93∶1
2012	19 396	12.6	1.93∶1
2013	21 578	11.2	1.9∶1
2014	23 560	10	1.98∶1
2015	25 700	9	1.97∶1
2016	27 691	8.3	1.96∶1
2017	29 977	8.3	1.96∶1
2018	32 420	8.1	1.958∶1
2019	35 152	8.4	1.952∶1

（依据《苏州统计年鉴》编制）

3. 进一步缩小城乡社会事业建设差距面临着挑战。城乡差距不仅表现在以城乡居民收入水平为代表的经济发展层面，也表现在公共服务和社会事业领域。如文化建设中的重形象、轻人文，重表面、轻实用，重典型、轻普及问题；基层卫生人才队伍建设的瓶颈问题；等等。事实表明，城乡公共服务和社会事业领域的实际差距比显性的经济收入差距还要大，而政府对农村公共产品投入的不足将会严重延缓农村现代化进程。因此，未来城乡统筹仍有很多追补式的工作亟待开展，缩小城乡基础设施建设差距、缩小城乡权益保障制度差距等方面仍有许多工作要做。

4. 城镇化发展中的劳动就业面临着挑战。农民就业和其就业能力的提升仍面临着挑战，农民尤其是失地农民仍是城乡统筹工作的重点人群，在解决医疗保险、养老保险之后，他们的就业情况将直接影响着城乡统筹的真正绩效，因此盘活了他们的就业、子女教育等问题就盘活了城乡统筹。很多村改居的新市民尽管有医疗养老保险，但也并未完成真正意义上的市民角色转换，原因就在于没有足以在城市生活的就业做支撑。另外，新型职业农民队伍建设也迫切摆在了乡村发展的重要议事日程。

5. 土地、农村产权确认及流动等制度改革面临着挑战。土地制度改革说到底是土地产权制度改革，这仍是城乡统筹的核心问题。近年来，苏州也始终把强化农村集体资产管理作为一项重大任务常抓不懈，但对照国家对农村集体产权制度改革提出的目标，苏州农村集体资产经营管理目前仍存在不少问题和挑战，如，农村集体资产经营管理缺乏全市统一标准，村集体经济组织经营管理水平较低，农村集体资产监管、交易体系建设相对滞后，等等。首先，土地制度改革涉及土地集约经营和规模化经营，涉及转变农业生产方式，涉及严格保护耕地和农民利益。土地逐渐成为农民获取收入的来源之一，成为产权的一部分，农民对土地流转的意愿值得重视。但在当前，农村产权确权虽在推进，但农村居民的不动产，包括承包土地、宅基地及住房的产权仍无法自由流转，与城市居民不动产产权的明晰度和市场化程度相比仍有巨大的差别。其次，虽然苏南大多数地区的农村集体经营性资产已量化到社区内所有成员，并以社区股份合作社方式进行运作与管理，但这种量化到社区居民头上的集体经营性资产产权通常只有分红权，不可转让，不可继承，不能变现，不可流动，这就使农村集体资产保值增值和运行安全、社员股东权益的保障面临严峻挑战。再者，发展现代农业迫切需要农业企业家，而非仅仅是农民企业家，从趋势上看，农村土地制度改革必然受到工业化、城镇化和农业现代化发展模式的影响，而工商资本、外资能否进入？农民组织化空间如何不被挤压？农业现代化进程中如何将资本、技术、信息、管理、营销与劳动力相结合、与土地相结合？怎样加强法治建设，保障农村集体资产权益不受损害？等等，这些问题仍需探索，可以说，现代农业发展模式和经营形态的选择将会影响农村土地制度的变革方向和乡村治理机制。

6. 解决资金瓶颈制约问题面临着挑战。目前苏州城乡一体化改革先导区运作模式的主要特征是：以推进村民集中居住为抓手，改善农村居住环境，提高村民生活质量；与此同时，节约和整理出的新增非农建设用地，既为推进村民集中居住提供财力支撑，又为当地二、三产业提供发展空间。当前苏州改革先导区开发贷款一般由政府担保，而非先导区启动资金怎么筹措？而且，集中居住整理出来的用地是否都能实现出让？是否与城市用地同价？能否整体推进？这些问题现在都还有政策障碍。

7. 处理城乡一体化推进过程中累积的问题面临着挑战。最突出的就是合作社发展中存在的问题，亟须重视。第一，发展不平衡的现象比较突出，主要是在地区发展、结构类型、运行质量等多方面均存在不平衡性。第二，合作社的功能和作用发挥有待加强，社区、富民等合作社收入主要来自物业出租收入，社员从合作社得益还不太多，所占的收入比例还不高，绝大多数股份合作社的分配还只是保底分红，富民特色并没有真正得到体现。第三，财务制度、发展方向、发展规划等合作社规范化建设都亟须加强。第四，合作社发展的环境还不宽松。合作社税收负担太重。社区股份合作社承担了大量社会管理职能，既不给予财政补贴，又不给予税收优惠，很不合理。城郊村被拆迁后，资源性资产变成现金资产，缺乏新的投资渠道,出现资产增加、收入萎缩现象。另外,对户籍制度的看法,农民认为农村户口和城市户口最主要的差别是在公共服务和社会事业的权益上。户籍制度改革应该取消有差别的户籍制度,并且要让农民有稳定的、能够支撑城市生活的就业,而不是仅仅鼓励农民从农村户籍转为城市户籍,所以单一的户籍改革只有使居民生活水平提高才具有意义。

8. 缩小城乡行政管理体制差距面临着挑战。总体而言,苏州城乡社会管理一体化相对于其他方面的进展较为滞后。大多数基层乡镇是合并组成的,有的集中居住社区人口过万,加上外来务工人员,现有乡镇的社会管理能力(跟责权利挂钩)远远适应不了如此大的管理幅度,城管、工商、治安、环卫等公共服务提供远远跟不上。同时,我们在调查中发现,农民内部分化较为突出,近年农村内部也演化出二元结构,还没有引起足够的注意。如,在当前条件下,参加合作组织都要满足一些条件,所以有不少未满足条件的农民未能参加合作组织。会员农民可以享受财政、税收、金融、科技、人才等全方位的投入,而没有入会的农民则无法享有,容易再一次失去制度安排。这也是当下农村社会不稳定因素之一。这都需要基层政府公共服务和公共产品提供能够跟上。所以,进一步深化基层政府行政管理体制改革势在必行。

9. 缩小城乡文明素质差距面临着挑战。当前促进城乡一体化发展,主要靠自上而下的行政推动力。现在村集体经济组织承担了大量的社会职能,农村的许多社会事业建设靠村委会。笔者认为,促进城乡一体化发展,只靠自上而下的行政推动力,将是事倍功半。如何才能充分调动和发挥基层干部与广大农民的主观能动性,真正做到共建共享?另外,现行的政府财政补贴,除了直接补给农民,就是扶持专业合作经济组织，而其他方面，如农村基层公共服务和社会管理方面的财政补贴则很少。

10. 改革发展动力乏力面临着挑战。历史地看，苏州城乡一体化发展自始就被赋予先行探路的时代内涵，深度烙上了政府强力推进的烙印，可以说探索取得的巨大成效与政策高投入密不可分（近年来，市委、市政府制定了40多个政策意见，相关部门出台了100多个配套文件），总体上表现为一种外生力量的强力推动，是政策增量投入带来的变革，而且大多表现为城向乡单向流动，乡向城流动乏力。在当下加速推进现代化进程中，苏州城乡一体化内生性发展的瓶颈也逐步显现，城乡一体化发展与现代化发展有着较大差距。单向的、增量投入型的政策创新推进效应正在逐步递减，提升农村农业农民内生性发展能力迫在眉睫。

上述问题和挑战，主要源于以下三方面。

1. 源于经济社会发展提出的时代新要求。中国特色社会主义进入新时代，如期完成苏州"十三五"规划目标和任务，2022年如期基本实现农业农村现代化，走在"强富美高"新江苏建设前列，这一系列时代发展新要求，既使城乡一体化的内涵和标准出现了新变化，又给苏州城乡一体化改革和城乡融合高质量发展带来了新的发展契机和更高挑战，"加快推进""在更高层次上推进"成为必然态势。

2. 源于农村农业农民内生性发展能力不足。农业业态弱势、农村社区弱势、农民权益地位弱势还没有根本改变，以"现代化"发展标准来考量，苏州广大农村农业农民在市场化、产业化、均等化、共享化、自主化、民主化、公平公正方面仍需进一步提升。

3. 源于当前仍然存在的城乡二元结构等体制机制障碍。当前,统筹城乡发展的体制机制如城乡要素顺畅流动、公共资源合理配置等还有许多不健全不完善之处,影响城乡融合发展的体制机制障碍尚未根本消除,体制政策制约仍然是城乡一体化向纵深推进的瓶颈。

第四章

新时代苏州从城乡一体
走向城乡融合的目标任务

　　新时代，苏州的城乡一体化改革发展已进入深化改革、整体提升的重要阶段，即高质量城乡融合发展阶段。城乡融合发展是继城乡统筹发展、城乡发展一体化之后，指导我国城乡关系发展的全新思路。从本质上看，城乡融合发展旨在破除城乡二元结构赖以存在的制度，并通过优化空间布局和体制创新，实现城乡经济融合、制度融合、社会融合、文化融合等，最终建立城乡联动、共建共享的新型关系。其中，经济融合指实现人才、资金、技术、信息等要素的双向流动和优化组合，优化升级城乡产业结构，推进一、二、三次产业融合发展。制度融合是指建立城乡统一的户籍管理制度和社会保障制度，城乡之间社会福利实现均等化。社会融合是指实现城乡居民基本权益平等，推动城镇基本公共服务向农村延伸，实现城乡教育、就业、社保、文化等公共服务均等化，建立城乡融合发展现代社会治理体系。环境融合是指实现城乡生态资源互补共享、生态保护建设等统筹安排，实现城乡之间、人和自然之间的和谐共融。文化融合是指实现文化公共资源共享，重新发掘乡土中国的文化价值，推进城市文明与乡村文明相互借鉴、取长补短的交流和发展。因此,未来,苏州的城乡一体化水平要继续走在全国前列,就必须坚持以协调推进乡村振兴战略和新型城镇化战略为抓手,以缩小城乡发展差距和居民生活水平差距为目标,以完善产权制度和要素市场化配置为重点,坚决破除体制机制弊端,促进城乡要素自由流动、平等交换和公共资源合理配置,加快形成工农互促、城乡互补、全面融合、共同繁荣的新型工农城乡关系,加快推进农业农村现代化。

一、新时代全面深化改革发展的基本思路

"十三五"时期,是苏州率先高水平决胜全面建成小康社会,开启社会主义现代化新征程的奋斗期。针对新时代发展面临的新形势和新挑战,今后几年,苏州城乡一体化发展综合配套改革必须深入推进、向更高层次推进,要与决胜高水平全面建成小康社会、率先基本实现现代化进程相适应,必须由侧重外生性强力推动向高度关注内生性力量成长转变,由侧重城向乡单向流动为主向城乡双向互动深度融合转变,沿着市场化、产业化、均等化、共享化、自主化、民主化、公平公正等现代化发展方向继续深化和转型,提高农村经济、政治、社会、文化等自主发展能力,提高城乡共建共享、双向深度融合能力,从而形成与苏州经济社会现代化发展趋势相匹配的更高境界的城乡一体化发展新格局。

二、新时代改革发展的基本目标和主要任务

与率先高水平决胜全面建成小康社会,开启社会主义现代化建

设新征程相衔接和相呼应，现阶段全面深化苏州城乡一体化改革发展应以习近平新时代中国特色社会主义思想为指导，认真贯彻习近平总书记关于城乡融合发展的重要论述，落实党中央、国务院决策部署，全面落实高质量发展要求，尊重规律、因地制宜、防范风险，加快形成工农互促、城乡互补、深度融合、共同繁荣的新型工农城乡关系，推进农业农村现代化；总目标应该以高水平决胜全面建成小康社会和社会主义现代化指标体系为示标，在深化体制机制改革、保障和改善民生、整治村庄环境、发展现代农业、强化基层治理现代化等方面建立健全城乡融合发展体制机制和政策体系，实现城乡居民基本权益平等化、基本公共服务均等化、居民收入均衡化、要素配置市场化、产业发展融合化目标，最终形成与苏州经济社会现代化发展趋势相匹配的更高境界的城乡融合发展新格局。我们认为，改革和发展的主要目标和任务应围绕以下方面进行。

（一）改革目标和任务

进入新时代，城乡一体化改革应聚焦建立健全城乡融合发展体制机制和政策体系，继续系统深化发展空间上的制度性变革、生产要素市场化的制度性变革、集体所有制实现形式的制度性变革、基层社会上层建筑（包括行政管理体制、社会治理体制）的制度性变革、农村居民国民待遇的制度性变革等，着力构建合理、公平、效率，符合高质量发展和保障农民利益的体制机制，到2022年，基本建立健全包括财政、金融、投资、产业、就业、土地、户籍等方面政策在内的城乡融合发展制度框架和政策体系，城乡要素自由流动、公平交换、合理配置的体制机制初步形成，城乡发展协调性全面增强。到2035年，城乡融合发展体制更加健全，农业农村现代化基本实现。到 21 世纪中叶，城乡融合发展体制机制成熟定型，城乡全面配合，全体人民共同富裕基本实现。具体应推进以下六大改革。

1. 全面深化城乡经济社会融合发展的制度改革。在全面实现"三大并轨"和基本实现城乡户籍管理登记一体化基础上，进一步深化户籍制度改革，全面放开放宽农业转移人口落户条件，全面取消依附在户籍上的城乡居民不对等的政治、经济和社会待遇，基本打通城乡要素自由流动制度性通道，逐步消除城市落户限制，坚决保障农民土地承包权、宅基地资格权和集体收益分配权，不得以退出承包地和宅基地作为农民进城落户条件，引导进城农民依法自愿有偿转让上述权益。基本建成城乡统一建设用地市场，明显提升金融服务乡村振兴的能力，基本形成农村产权保护交易制度框架，稳步提高基本公共服务均等化水平，不断健全乡村现代治理体系，等等。

2. 全面深化农村产权制度改革。保持农村土地承包关系稳定并长久不变，进一步深化农村集体产权制度改革，在全面完成农村集体土地所有权、宅基地使用权、集体建设用地使用权的确权登记发证工作的基础上，加快推进资源资产化、资产资本化、资本股份化、股份市场化，探索宅基地所有权、资格权、使用权"三权分置"，探索对增量宅基地实行集约有奖、对存量宅基地实行退出有偿的具体办法，允许村集体在农民自愿前提下，依法把有偿收回的闲置宅基地、废弃的集体公益性建设用地转变为集体经营性建设用地入市。沿着继承、转让、变现方向，试点农村社区合作经济组织股权放开和流转并逐步推开；加快发展各类股份合作经济，进一步增加农民投资财产性收入比重；建立农村产权交易市场和农村产权交易担保体系；坚持外资、民资、国资、股份合作制"四轮驱动"，在更大范围内整合资源，引导农村股份合作经济组织实施异地发展、联合发展、抱团发展，建立健全现代企业制度。

3. 全面深化创新土地规模经营制度改革。注重改善城乡在土地要素上的交换关系，让农民平等参与市场交换。一是在确保农村土地集体所有的前提下，解决好所有权、承包权、经营权"三权"分离问题。二是随着农业生产经营规模扩大，解决好设施农用地问题。三是在不改变土地的农业用途的前提下，解决好工商资本租地问题。四是以土地承包经营权做抵押申请贷款，解决好承包经营权抵押问题。五是坚持农民自愿原则，解决好承包经营权退出问题。六是探索实行农村集体建设用地与国有建设用地两种产权、同一市场，在符合国土空间规划、用途管制和依法取得前提下，优化村庄用地布局，盘活利用农村零星分散建设用地，允许农村集体经营性建设用地入市，允许就地入市、异地调整入市和集中整治入市。

4. 全面深化农业支持保护制度改革和公共财政投入体制改革。农业支持保护的核心是投入支持，针对农业和农村经济活动的各个方面，形成收入支持、金融支持、基础设施支持、生产技术支持、生态环境支持、农村生活条件支持、灾害防范和救助支持、税收支持、贸易支持和法律支持等农业支持保护完整的政策体系。健全财政投入保障机制，积极鼓励各级财政支持城乡融合发展及相关平台和载体建设，发挥财政资金四两拨千斤作用，撬动更多社会资金投入。完善乡村金融服务体系，建立工商资本有序入乡促进机制，建立涉农资金统筹整合长效机制，提高资金配置效率。始终坚持农业投入与国民经济增长相适应的原则，保证财政支农资金总量在现有水平上逐年增加，建立财政支农资金的稳定增长机制。继续改革完善现有农业补贴政策,调整农业支持保护结构,重点加大对农业科技、农业生产性基础设施建设的投入,改进对农业生产和农民收入的补贴方式,提高补贴效率。加强农村社会信用体系建设,健全农村金融风险监测、预警和防范机制。建立健全城乡教育资源均衡配置、乡村医疗卫生服务体系、城乡公共文化服务体系、城乡统一的社会保险制度、城乡社会救助体系等有利于城乡基本公共服务普惠共享的体制机制。

5. 创新现代农业经营组织体系,加快现代农业发展体系布局。农业产业化经营是符合现代农业发展要求的生产组织形式和经营方式,所以要积极推进农业产业化经营,构建现代农业的生产组织形式和经营方式。发展多种形式的适度规模经营,充分提高土地生产力。着力培育一批竞争力、带动力强的龙头企业,推进农业产业化经营。引导和支持农民发展各类专业合作经济组织,提高农民的组织化程度。立足于整合农村社区的各种组织资源,发展为农民提供信用、供销、技术乃至救济、社会保障在内的综合性服务的合作组织,逐步形成包括中央支持机构、全国、省、市县和基层的合作组织,并形成覆盖大多数农民的网络体系。统筹发展好国有、民营、外资、股份合作等多种经济,在市级层面上真正把股份合作制经济提升到全市经济社会发展的重要位置。建立科技成果入乡转化机制,建立有利于涉农科研成果转化推广的激励机制与利益分享机制。高质量构建以现代农业产业体系、生产体系、经营体系为主要内容的现代农业发展体系,着重加强产业布局优化、生产力方式转变、经营活动增强、生态功能增加等四个方面,加强新产业新业态培育,充分依托"互联网+""旅游+""生态+"和"双创",建设城乡产业协同发展平台,加快培育一批功能定位准确、带动力强的农村创业园区

（基地），深化农村一、二、三次产业融合发展，推动生态产品价值实现。到"十三五"期末，苏州在全省、全国率先实现农业现代化，继之持续推进苏州农业农村现代化走在全省乃至全国前列。

6. 加快"政社分设""区镇合一""强镇扩权"等乡村治理改革。建立健全乡村治理机制，建立健全党组织领导的自治、法治、德治相结合的乡村治理体系，发挥群众参与治理主体作用，增强乡村治理能力。推进农村经济管理体制、社会治理体制、文化管理体制改革，建立健全农村新型治理机制，逐步建立健全公益性和社会事业建设支出合理承担机制。完善网格化管理体系和乡村便民服务体系，在张家港、太仓、昆山、吴江区和相城区成为全国农村社区建设实验全覆盖示范市（区）基础上实现全市全覆盖。实施"区镇合一"、强镇扩权改革。在昆山市张浦镇、吴江区盛泽镇被列为国家级经济发达镇行政管理体制改革试点的基础上，推动一批经济发达镇如木渎、海虞、平望等镇进一步参与试点，使之逐步发展成为现代新型小城市。侧重整合归并政府职能，减少管理层次，进一步降低行政运行成本，提高工作效率，促进人口、资源、产业集中紧凑发展，形成区辖镇、镇促区的科学管理模式。建立健全有利于城乡基础设施一体化发展的体制机制，以市县域为整体，统筹规划城乡基础设施，统筹布局道路、供水、供电、信息、广播电视、防洪和垃圾污水处理等设施，统筹规划重要市政公用设施，推动其向城市郊区乡村和规模较大中心镇延伸。

上述这些制度性变革将会深刻展现苏州率先基本实现现代化进程中的生产力和生产关系直至上层建筑的深刻调整，这种深刻调整直接推动了生产要素在城乡自由流动、公共资源在城乡均衡配置、新型工业与现代农业互动发展、城乡空间结构更加合理、城乡居民更加融合进步的社会文明进程。

（二）发展目标和任务

按照"十三五"规划目标和苏州乡村振兴的目标安排，苏州城乡融合改革目标应该包括以下方面：到2020年，苏州农业现代化发展水平明显提升，农业科技进步贡献率达到72%，苏州农村居民可支配收入水平明显提高，农村集体经济保持稳定增长，城乡居民收入差距缩小在1.9∶1以内。到2022年，苏州农村居民人均可支配收入要达到4.2万元，"率先基本实现农业农村现代化"，农业现代化水平和农村建设现代化水平明显提升，农村居民获得感、满意度明显提升。探索创新城乡融合发展的体制机制，在更高质量上协调推进农业农村现代化，努力使苏州成为城乡融合发展的先导区和示范区。具体来说，至2020年，现代农业园区建成面积超过130万亩，高标准农田占耕地比例达到68%以上；持续推进新一轮美丽村庄建设，每年建成350个三星级康居乡村和10个康居特色村，同时，重点培育特色田园乡村，建成50个左右市级特色田园乡村，并择优重点打造15个左右省级试点；全市农村生活污水治理率达到85%以上，太湖和阳澄湖一级保护区、重点国考断面关联村庄生活污水治理率要达到100%，实现到2020年年底全面消除城乡黑臭水体目标。进一步健全社会保障服务体系，通过实施城乡一体的居民医疗保险制度，构建城乡居民养老保险与职工养老保险有效衔接机制，确保城乡居民平等享受社保待遇。

（三）改革发展的重点内容

基于上述"十三五"时期苏州城乡融合改革发展目标，未来城乡融合发展的主要途径是以城镇为战略节点，通过体制创新、产业集聚、人口集聚逐步实现农业农村现代化,即产业集中、人口集聚、要素集约和功能集成成为必然路径选择。我们认为,以下方面应列为今后工作的重点内容:

——产业、资源配置等经济要素深度市场化;

——社会福利等社会要素深度均等化;

——"区镇合一"管理体制等进一步民主化;

——生态环境(水、空气、土壤、蓝天等)和治理、控制、保护等生态要素深度互补共享化;

——教育、精神文明建设等文化要素深度公平共享化;

—— 城乡各类空间要素进一步双向深度融合。

第五章

在现代化进程中更高层次推进苏州从城乡一体化走向城乡融合

目前苏州城乡一体化改革和城乡融合发展已到了攻坚克难整体提升的关键阶段。要通过深化改革，着力构建城乡一体化向纵深推进的长效机制，为全省乃至全国城乡一体化改革发展做出新探索、提供新示范。建议沿着市场化、产业化、均等化、共享化、自主化、民主化、公平公正等现代化发展方向，突出强化三农内生性发展要素的提升，重点突破以下工作。

一、以现代化视角强力推进内生性的政策供给，继续深化、完善城乡融合顶层设计

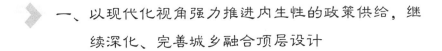

城乡一体化是一个系统的、动态的实现社会变迁的历史过程，建立健全科学有序的政策制度框架尤为重要。建立健全城乡融合发展体制机制和政策体系，是党的十九大做出的重大决定部署。2019年4月《中共中央 国务院关于建立健全城乡融合发展体制机制和政策体系的意见》正式颁布实施，为苏州继续深化完善城乡融合顶层设计提供了指导方向。

(一) 要继续巩固、拓展和完善前期政策投入

坚持和加强党的全面领导,坚持以人民为中心的发展思想,坚持新发展理念,坚持推进高质量发展,坚持农业农村优先发展,以缩小城乡发展差距和居民生活水平差距为目标,围绕乡村全面振兴和社会主义现代化国家建设目标,继续健全和拓展公共服务均等化的新内容,如稳步推进户籍制度改革等,完善公共服务体系,提高政策标准,提高覆盖面,提高普惠性,提高亲民性和便民性,进一步优化城乡生产资源、公共福利资源配置,切实改善和提升农民生产生活条件。

(二) 公共政策导向转型

牢牢把握城乡融合发展的正确方向,坚持农民主体共享发展,在构建促进城乡规划布局、要素配置、产业发展、基础设施、公共服务、生态保护等相互融合和协同发展的体制机制的基础上,要更加注重必须由侧重外生性强力推动向高度关注内生性力量成长转变,由侧重城向乡单向流动为主向城乡双向互动深度融合转变,强力推进促进农村农业农民提升自我发展能力的内生性政策供给,调动亿万农民积极性、主动性、创造性,加快农民市民化和农村农业的市场化、产业化进程,推进农业全面升级、农村全面进步、农民全面发展。

二、沿着市场化方向,重点探索农村新型集体经济的实现形式

(一)以市场化和产业化为导向,要加快农村新型合作经济组织转型升级,既要发展又要规范,不断提升合作社的发展规模和质量

其主要包括:

第一,加快推动合作社由行政发动、服务推动向依法规范发展转变。开展农民合作社规范提升行动,破解运行不够规范、与成员联结不够紧密、指导服务体系不够健全等问题,抓好章程制度完善,依章加强内部管理和从事生产经营活动,实行政务公开;抓好财务规范管理,加强内部审计监督,逐步建立农民合作者发展动态监测机制;抓好收益合理分配;加强登记管理。

第二,完善合作社内部治理结构,建立健全现代企业制度,抓好组织机构合建,依法成立成员大会、理事会、监事会等组织机构,分别执行好议事决策、日常执行内部监督等职责。

第三,增强农村新型合作经济组织带动能力。狠抓"三优三保"规划与经济社会发展规划、土地利用总体规划、城乡规划和生态保护规划"多规融合",推动农村集体经济从以村为主向以区镇为主、从村村冒烟点火到向工业规划园区集聚转变,形成资源要素集中配置、集约利用的空间发展格局。鼓励和引导农村集体经济打破行业和地域界限,整合资源、资产、资金,通过参股、联营、长期投资、异地投资等多种方式,扩大联合与合作,跨村甚至跨镇、跨市(区)组建联合发展平台,主动对接新型产业、高端产业、优

质产业，积极开展横向联合和纵向联合，加速推进项目新业态，加快由社区型向企业型、封闭型向开放型、传统集体经济组织向现代企业制度转变，使平台经济成为村级发展的"主力军"。从原来新建标准厂房、商业店面和打工集宿楼为主转向打造城镇综合体、社会事业、股权投资为主，使村级经济与文商旅产业深度融合提质增效，实现由"量态扩张"向"质态提高"的阶层跃升。太仓2011年开始探索以村集体经营为主体的合作农场，这是农民以土地、劳力、资金等形式入股，从事农业生产、加工、销售的农村新型合作经济组织，经营的所有收益都由村集体和农民共享，促进了农民增收和村集体经济发展，不失为一种有益尝试。

第四，在加强政策扶持上、强化指导服务上取得新突破，出台政策优惠，给予人才培训支持，提高农村新型合作经济组织经营管理水平，支持镇、村集体经济发展壮大。建立城市人才入乡激励机制，制定财政、金融、社会保障等激励政策，吸引各类人才返乡入乡创业。鼓励原籍普通高校和职业院校毕业生、外出农民工及经商人员回乡创业兴业。建立城乡人才合作交流机制，探索通过岗编适度分离等多种方式，推进城市教科文卫体等部门工作人员定期服务乡村。引导规划、建筑、园林等设计人员入乡。允许农村集体经济组织探索人才加入机制，吸引人才、留住人才。

第五，防止差距扩大，做好富民工程。富民一直都是城乡统筹的核心任务。苏州要结合区域优势确定增收重点，应更加注重挖掘财产性收入、转移性收入的增长潜力。尤其要注意农村社会不同群体之间的利益调节，建立低收入农户快速增收机制，防止农村自身二元结构膨胀和深化。

（二）沿着市场化方向，深化农村资源性要素的市场化改革

深化农村资源性要素的市场化改革，使农村集体资产、土地承包经营权、农民宅基地、合作社股权等都能变成农民的生产要素实现城乡双向流动，致富农民。简言之，农村资源性要素的市场化改革主要是：

第一，要明确所有权，坚持农村土地集体所有。在依法保护集体所有权和农户承包权前提下，平等保护并进一步放活土地经营权。健全土地流转规范管理制度，强化规模经营管理服务，允许土地经营权入股，从事农业产业化经营。

第二，要稳定承包权，强化承包权的继承、抵押、转租、转让、互换等功能，使农民能够充分享有对土地的占有、使用、收益和处分权益，让农民获得土地资本收益。

第三，要流转经营权，引导农业集约化、规模化经营，提高土地资源利用效率。

第四，探索实行农村集体建设用地与国有建设用地两种产权、同一市场。在符合国土空间规划、用途管制和依法取得前提下，探索允许农村集体经营性建设用地并入市，允许就地入市或异地调整入市；允许村集体在农民自愿前提下，依法把有偿收回的闲置宅基地、废弃的集体公益性建设用地转变为集体经营性建设用地并入市；推动城中村、城边村、村级工业园等可连片开发区域土地依法合规整治入市；推进集体经营性建设用地使用权和地上建筑物所有权房地一体、分割转让。

三、沿着市场化方向，重点改善农村金融环境和金融服务，建立健全农村金融服务体系

加强乡村信用环境建设，推动农村信用社和农商行回归本源，改革村镇银行培育发展模式，创新中小银行和地方银行金融产品提供机制，加大开发性和政策性金融支持力度。依法合规开展农村集体经营性建设用地使用权、农民房屋财产权、集体林权抵押融资，以及承包地经营权、集体资产股权等担保融资。建立健全农业信贷担保体系，鼓励有条件有需求的地区按市场化方式设立担保机构。加快完善农业保险制度，推动政策性保险扩面、增品、提标，降低农户生产经营风险。积极探索支持通过市场化方式设立城乡融合发展基金，引导社会资本培育一批国家城乡融合典型项目。完善农村金融风险防范处置机制。我们在调研中发现，城乡一体化投入非常庞大，除了农村集体投入和农民投入外，迫切需要大资金进入，但现实却是投资融资渠道缺乏和单一，产品单调。苏州应充分利用较发达的本地金融市场，金融引领，金融驱动，高效改善农村金融环境和金融服务。

（一）创新融资方式

通过政策吸收商业银行、保险、信托、小贷公司、社会资本等多元主体参与城乡一体化投融资体系建设。除了银行贷款外，还可以采取以下融资方式：

——债券。据统计，苏州目前有10余条申请发债的渠道，要充分利用。

——信托产品发行。

——产业投资基金的模式。创投公司很多,但产业基金运用到基础设施建设的却不多。

——资产证券化。可将那些有稳定持续收益和现金流的公用事业项目(如旅游景区的门票收入等)进行证券化募集资金。

(二)大力发展金融市场

金融市场能够积聚金融要素。目前,国务院在清理各类交易场所的基础上允许地方设立规范的股权交易中心,苏州应抓住机遇,争取设立地方股权交易中心,或其他的交易市场。如可探索建立健全农村产权流转市场,借助于农村产权流转市场,逐步放开流转农村社区合作经济组织股权,以适应农村城市化、农民市民化的潮流,满足农村居民跨区域迁移的需求,争取成为国家农村金融改革试验区。

(三)继续深化开放农村资金渠道

继续深化以下重点工作:

——开放农村资本进入渠道;

——健全农业保险体系;

——继续扩大农业担保业务;

——加大财政强农惠农支出力度;

——不断创新农村信用社、农村金融产品。

四、沿着市场化、产业化、现代化方向,重点加快农业现代化步伐,走出一条具有苏州特色的农业现代化道路

没有农业的现代化,就没有苏州的全面现代化。坚持合作化、

农场化、园区化的发展路径，建立与市场经济相适应的农业农村体制机制，着力构建现代高效农业体系。重点是：

(一) 积极构建科学的产业布局体系

围绕发展现代农业，培育新产业新业态，实现乡村经济多元化和农业全产业链发展。重点落实"四个百万亩"布局规划，推进农业规模化经营，促进农业融合发展，延伸农业产业链，提高农业综合效益。

(二) 积极构建优美的生态环境体系

要继续提高村庄环境整治水平，努力实现环境优良、生态宜居，改善农村的人居环境。重点落实《苏州市生态文明建设规划》等，建设和完善生态文化、生产环境、生活经济、生态人居和生态制度等五大系统；重点推进建设湖泊水环境整治和湖岸生态修复工程、生态工业园区工程、绿地生态功能提升工程、生态环境教育基地建设工程、生态补偿机制完善工程；到2020年，通过将海绵城市理念与城市开发建设有机融合，苏州将探索改善水环境、保护水生态、强化水安全、弘扬水文化的协同模式，建成平原河网城市"城水共生"的典范。到2030年苏州建成区80%以上面积要能消纳和利用70%的降雨。

(三) 积极构建现代的科技支撑体系

建立科技成果入乡转化机制，建立科研人员到乡村兼职和离岗创业制度，健全涉农技术创新市场导向机制，包括加强农业物质技术装备，重视农业科技进步，大力培养农业科技领军人才、实用人才和职业农民。

（四）积极构建完备的基础设施体系

把公共基础设施建设重点放在乡村，建立健全有利于城乡基础设施一体化发展的体制机制，以城乡为整体统筹布局道路、供电、供水、信息、广播电视、防洪和垃圾污水处理等设施，包括加强以农田水利为重点的农业基础设施；按照现代化水平高、覆盖范围广的要求，加强农产品批发市场网络建设，加快建设现代粮食物流体系和鲜活农产品冷链物流系统。

（五）积极构建安全的产品质量体系

包括普遍健全乡镇或区域性动植物疫病防控、农产品质量监管等公共服务机构，逐步建立村级服务站点；强化农产品进出口检验检疫和监管，提高出口优势产品附加值和质量安全水平。

（六）积极构建健全的市场营销体系

开拓农村市场，推进农村流通现代化。健全农产品市场体系，完善农业信息收集和发布制度，发展农产品现代流通方式，减免运销环节收费，长期实行绿色通道政策，加快形成流通成本低、运行效率高的农产品营销网络。

（七）积极构建高效的社会服务体系

包括培育农村服务性、公益性、互助性社会组织，完善社会自治功能。

（八）积极构建完善的支持保护体系

包括健全农业投入保障制度；扩大范围，提高标准，健全农业补贴制度，完善动态调整机制；健全农业生态环境补偿制度；等等。

五、沿着民主化、社会化、共享化方向，重点提升农村社区建设现代化水平，进一步完善乡村治理，推进治理现代化

（一）乡村治理现代化是新时代农业农村现代化的标志性指标之一，也是国家治理体系和治理能力现代化的重要组成部分

要创新完善农村新型治理机制，扎实推进镇、村两级层面公共服务和社会管理改革，提高乡村基层治理的质量，建议将村级公共服务和社会管理经费纳入财政支出体制。健全农村基层党组织，提高村民参与治理积极性，发挥新乡贤积极作用，通过自治、法治和德治有机结合，完善村民自治，建设法治乡村，提升乡村道德水平，提振乡风文明。

（二）强化公共服务和自我服务有机融合

提高农村基本公共服务的水平，提高财政投入的科学性。近年来，苏州农村集中居住化程度高，农村社区硬件建设力度大，公共服务和公共产品提供有了长足进步，但更要强化公共服务与居民自我服务的有机融合，实现共建共享。

（三）提高村民自治水平

要广泛发动群众，充分发扬民主，通过民主自治提升农村社会自我管理、自我服务水平，充分发挥农村社会多元组织在提供服务、协调利益等方面的积极作用。要培育农村社区领袖，培育和鼓励建立新社会组织，深度开发农村农民自律管理资源。

（四）完善城乡统筹社区服务机制

加快农民市民化步伐，使进城农民尽快融入城市生活，实现农

村社会管理服务水平跨越发展。

（五）探索大型社区管理体制改革

切实提高大型社区的服务效能和建设水平，探索适应经济社会发展需要的大型社区管理体制。最终，农村和谐社区建设要实现95%达标。

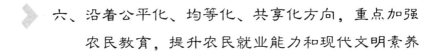

六、沿着公平化、均等化、共享化方向，重点加强农民教育，提升农民就业能力和现代文明素养

（一）继续推进城乡公共服务均等化

包括建立城乡义务教育均衡发展机制和城乡居民共享的公共卫生、文化体育、基本医疗等服务体系，推动城乡交通、水利、电力、电信、环保等重大基础设施共建共享共用。推进以提升农村为重点的义务教育优质均衡发展，积极推进苏州市创建义务教育优质均衡改革发展示范区和职业教育创新发展实验区；做好国家第一批公共文化服务体系示范区建设，坚持公益性、基本性、均等性、便利性原则，率先建成覆盖城乡的基本公共文化服务体系。

（二）全力提升农村居民就业能力

富民不仅要靠保障性收入、财产性收入，对大多数农民而言，更为主要的是靠工资性收入。

首先，苏州要在继续做好建设城乡就业服务体系、劳动力市场政策体系以及职业培训体系等方面工作外，还要从教育制度、用工制度、保障制度等方面加以完善，提升农民就业能力，这是根本。

其次，就业促进政策向农村延伸，支持苏州建立农民就业失业登记制度、农民求职登记制度、农村困难家庭就业援助制度和农民创业服务制度,支持苏州让登记失业的农民与城镇失业人员同等享受就业补贴,加快城乡统筹就业进程。

最后,不仅要加大就业、职业培训,更为基础和长远的是做好农民教育工作,提升农民融入现代社会的技能和素养。

七、沿着公开公正化方向,重点推进基层政府行政管理体制改革

(一)增强基层政府公共服务和社会管理职能,有效承接并快速提升公共服务供给水平和服务水平

着力增强乡镇政府社会管理和公共服务职能。完善与农民政治参与积极性不断提高相适应的乡镇治理机制。推进公共服务市场化、社会化,引入多元公共服务供给主体。创新公共服务体系与技术,扩大公共服务覆盖范围,提高公共服务品质。结合民主自治,建立公共服务绩效评估系统,强化对公共服务成本与品质的监管。

(二)推进强镇扩权

在吴江区盛泽、昆山市张浦等镇全国试点的基础上,加大对张家港市凤凰镇等苏州市经济发达镇行政管理体制改革试点支持力度,分步推行强镇扩权改革,对具备一定人口规模和经济实力的重点中心镇,赋予"部分县级经济社会管理权限",适当扩大经济和社会管理权限,通过精简组织架构、高效用编用人、创新财政管理模式等措施,创新基层政府管理架构,增强社会管理和公共服务能力,进一步激发经济发达镇发展的内生动力。

附

苏州城乡一体化改革大事记

2008年9月，省委、省政府将苏州确定为全省唯一的城乡一体化发展综合配套改革试点区。

2009年8月，苏州被国家发改委确定为中澳管理项目"消除城乡一体化的体制障碍，促进农民富裕与城乡统筹发展"四个主题试点城市之一。

2010年8月，苏州被国家发改委列为城乡一体化发展综合配套改革联系点。

2011年12月，国家农业部将苏州列为全国农村改革试验区，具体承担"城乡发展一体化改革"试点任务。

2008—2011年，苏州创造性开展了"三集中""三置换""三大合作"等城乡发展一体化改革实践，并取得显著成效。

2012年6月，苏州率先设立全国首支城乡一体化引导基金，专注于苏州城乡发展一体化建设。

2013年1月，苏州在全省率先实现城乡低保、基本养老、医疗保险"三大并轨"。

2013年年底，"四个百万亩"全部落地上图，苏州将保护"四个百万亩"上升为守住生态安全防线、保护战略生态资源、实现可持续发展的重要举措。

2014年3月，国家发改委将苏州列为国家城乡发展一体化综合改革试点市。

2014年10月，《苏州市生态补偿条例》正式施行，填补了国内生态补偿立法方面的空白。

2015年5月，经中央深改组、国务院同意，苏州吴中区承担农村集体资产股份权能改革试点任务。

2016年8月，经全国农村改革试验区工作联席会议第四次会议审议通过，苏州又新增四项农村改革试验任务，具体是"土地承包经营权有偿退出试点""重要农产品收入保险试点""政府购买农业公益性服务机制创新试点""以农村社区为基本单位的村民自治试点"。

2016年5月，苏州出台《关于加快推进新型职业农民认定管理工作的通知》，在全国率先建立城乡接轨的职业农民社会保障制度，对符合条件的职业农民采取"先缴后补"的方式给予定额社会保险补贴。

2017年年底，全市村均年稳定性收入超过815万元，所有薄弱村年稳定性收入全部超过200万元。

2018年，苏州出台《乡村振兴三年行动计划（2018—2020）》，对苏州实施乡村振兴战略作出总体设计，即以"都市农业发达、水乡特色鲜明、江南文化彰显、和谐治理有效、人民生活富裕"为目标，努力率先实现农业农村现代化，走出一条具有苏州特点、体现标杆水平、城乡融合发展的乡村振兴之路。

2019年，苏州出台《苏州市乡村振兴战略实施规划（2018—2022年）》，围绕"产业兴旺、生态宜居、乡风文明、治理有效、生活富裕"五大目标明确设置25项指标，让"苏式"乡村的发展前景看得见、摸得着、可"对标"；提出到2022年率先基本实现农业农村现代化，把乡村建设成为现代化苏州的亮点和底色；到2035年，农业农村现代化水平保持全国全省领先；到2050年，乡村全面振兴，农业强、农村美、农民富全面实现，农业农村现代化高水平实现。

2020年3月，苏州出台《苏州市探索率先基本实现农业农村现代化三年行动计划（2020—2022）》，到2022年，苏州企业农村现代化评价指标值基本达到现代化水平，城镇化水平达80%，农业科技进步贡献率达73%，村均集体可支配收入达1 000万元以上，农村居民人均可支配收入达4.25万元以上，恩格尔系数保持在24.5%左右，城乡居民收入比缩小到1.95∶1以内。2020年5月，中国农业科学院、苏州市人民政府在北京发布《苏州市率先基本实现农业农村现代化评价考核指标体系（2020—2022年）（试行）》，这是在高水平全面建成小康社会基础上构建的指标体系，也是全国首个农业农村现代化的评价考核体系。

第六章

苏州率先基本实现农业农村现代化的几个基本问题

习近平总书记强调，农业强不强、农村美不美、农民富不富，决定着亿万农民的获得感和幸福感，决定着我国全面小康社会的成色和社会主义现代化的质量。党的十八大以来，苏州市委、市政府一直高度重视"三农"工作，深入贯彻落实习近平总书记关于"三农"工作重要论述和对江苏工作的重要指示，始终坚持农业农村优先发展不动摇，深入实施乡村振兴战略，取得了明显成效。继往开来，苏州既要切实做好补短板强弱项各项工作，巩固高水平全面小康，又要把握时代特征，乘势而上开启基本现代化新征程，进一步探索现代化视域中的城乡关系重构，共同推动现代农业产业体系建设、美丽宜居乡村建设、城乡融合发展，率先基本实现农业现代化、农村现代化、农民现代化和"四化同步"发展。基于此，以下几个基本问题需科学正确全面把握。

一、苏州率先基本实现农业农村现代化的时代背景

（一）高水平全面建成小康社会将如期实现

要确保高水平全面建成小康社会和"十三五"规划圆满收官，农业、农村、农民的发展，是检验全面建成小康社会成色和质量的关键指标。苏州始终致力于高水平全面建成小康社会走在前列，扎扎实实提高全面建成小康社会质量和水平，确保成果经得起实践、人民、历史检验。到2020年地区生产总值和城乡居民人均收入比2010年翻一番目标现已提前实现，并基本消除绝对贫困，正扎实补短板强弱项，着力解决相对贫困等问题。2019年5月，江苏省统计局印发《江苏高水平全面建成小康社会统计监测实施方案》，决定从2019年起，全省将统一采用国家统计局制定的《全国全面建成小康社会统计监测指标体系》对全省设区市、县（市、区）开展高水平全面建成小康社会统计监测工作。这套指标体系包括经济发展、人民生活、"三大攻坚"、民主法治、文化建设、资源环境共6大类53项61个指标。其中，适用于省级监测的为6大类51项59个指标，适用于市级监测的共6大类49项57个指标。除主要污染物排放量由省环境生态厅对每个设区市下达目标外（省对每个设区市下达的目标不同，但均高于国家设定的目标值），其他指标的目标值均采用国家设定的目标值，另设一项满意度指标，适用于县级监测的为6大类41项48个指标。按照这套考评体系进行自测，2019年，苏州高水平全面建成小康社会综合实现程度为98.4%，比上年（98.02%）提高0.38个百分点，高于江苏高水平全面建成小康社会综合实现程度，农业现代化取得明显进展，城乡发展的融

合协调性明显增强,农民生活水平和质量普遍提高,为"十四五"农业农村现代化和农民生活再迈上一个新台阶打下了坚实根基,为苏州现代化新征程奠定了一个更高的起点、更为扎实的基础。

(二)全面建设社会主义现代化国家新征程将顺期开启

中华人民共和国成立70多年,特别是改革开放以来,苏州在国家大局中始终占有重要地位、肩负重大使命,一直走在发展的前列。2020年,立足所处的时代方位和现实基础,苏州已经到了"积极探索开启基本实现现代化建设新征程"新篇章的时候。世界现代化进程表明,如何处理工农关系、城乡关系,在一定程度上决定着现代化的成败。建成富强、民主、文明、和谐、美丽的社会主义现代化强国,基础仍在"三农"。要实现现代化进程中农业强、农村美、农民富的乡村全面振兴目标,就要做好"十四五"的开篇布局。苏州推进农业农村现代化有基础、有条件,既要巩固高水平全面小康,保证"十四五"已脱贫人口不返贫,已摘帽薄弱村不反复,更要进一步深化农业供给侧结构性改革,深入实施乡村全面振兴战略,在农业现代化、农村现代化、健全城乡融合发展体制机制等方面有责任先行一步,为全国探索经验、提供样板。为此,2020年,苏州市委、市政府先后出台了《苏州市探索率先基本实现农业农村现代化三年行动计划(2020—2022年)》,大力实施20项重点工程,确保到2022年率先基本实现农业农村现代化,比全省提早了8年,比全国提早了13年;发布了《苏州市率先基本实现农业农村现代化评价考核指标体系(2020—2022年)(试行)》,以"争第一、创唯一"的历史担当,积极探索农业农村现代化道路,为苏州率先实现农业农村现代化指明方向,也为全国基本实现农业农村现代化提供有益借鉴。

二、苏州率先基本实现农业农村现代化的实践意义

农业、农村、农民问题关系党和国家事业发展全局,也是贯穿改革开放的一条主线,党和国家历来高度重视。2014年,习近平总书记在视察江苏时强调要加快建设现代农业,力争在全国率先实现农业现代化。党的十九大做出了实施乡村振兴战略的重大决策。2018年,中共中央、国务院印发了《乡村振兴战略规划(2018—2022年)》,明确要求"东部沿海发达地区、人口净流入城市郊区、集体经济实力强以及其他具备条件的乡村到2022年率先基本实现农业农村现代化"。2019年年初,江苏省委、省政府提出"2022年苏南地区率先基本实现农业农村现代化"的目标。这些为苏州率先基本实现农业农村现代化提出了要求,明确了方向。早在2009年,习近平同志在江苏调研时就提出,像昆山这样的地方,包括苏州,现代化应该是一个可以去勾画的目标。现实有基础,群众有期待,可以说,苏州提出2022年要率先基本实现农业农村现代化,率先探路农业农村现代化,就是创造性贯彻习近平总书记的殷殷嘱托和党中央的决策部署;是苏州乡村振兴的第一个阶段性目标,对苏州经济社会发展有着十分重要的意义。

(一)农业农村率先基本实现现代化,是苏州建设现代化经济体系的重要内容

党的十九大报告把实施乡村振兴战略作为建设现代化经济体系的六大举措之一。中国现代化,最艰巨、最繁重的任务在农村,最

广泛、最深厚的基础在农村,最大的潜力和后劲也在农村。农业农村现代化,是实现乡村全面振兴的必要条件,没有农业农村的现代化,就没有真正实现乡村振兴,就没有全国的现代化。坚持农业农村优先发展实现现代化,是全面建成小康社会、建设社会主义现代化国家的必由之路。在当前经济下行压力加大、外部环境发生深刻变化的复杂形势下,率先实现农业农村现代化,不仅可以进一步稳定保供基础,切实稳住"三农"这个基本盘,切实发挥"三农"压舱石作用,对稳定经济社会发展大局至关重要,还可以通过提升农村基础设施和公共服务来扩大有效投资,扩大农村消费市场,增强农村居民消费能力,为建设现代化经济体系注入动力。

(二)农业农村率先基本实现现代化,是苏州解决城乡发展不平衡、不充分的必然选择

当前,苏州最大的发展不平衡,是城乡发展不平衡;最大的发展不充分,是农村发展不充分。改革开放以来,苏州农业农村发展取得了巨大成就,但城乡二元结构问题仍然没有得到根本性的解决,城乡差距的问题依然比较突出。从城乡居民收入来看,2019年苏州城镇居民人均可支配收入为6.86万元,农村居民人均可支配收入为3.52万元,城乡居民收入比约为1.95:1,仍有继续拉大的趋势。从城乡基础设施和基本公共服务来看,农村地区特别是一些被撤并镇和零星村庄的基础设施建设明显滞后,农村的医疗、教育、文化、养老等公共产品供给不足、质量不高。从城乡居民日益增长的美好生活需要来看,消费需求升级、产业结构升级、治理体系升级已是必然要求,如今满足人民群众对农产品数量的需求已不是问题,但人民群众对农产品质量,尤其是对食品安全和生态安全

的要求更高。城镇居民希望农村能够提供清新的空气、洁净的水源、恬静的田园风光等生态产品,以及农耕文化、乡愁寄托等精神产品;农村居民希望有稳定的就业和收入,有均衡的公共服务、可靠的社会保障、丰富的文化活动。这些新的期待都要通过农业农村现代化来实现。

(三)农业农村率先基本现代化,是苏州打赢全面建设现代化进程中第一场硬战的自觉担当

2020年后,新时代中国特色社会主义的实践主题将转到全面建设社会主义现代化强国上来,党的十九大报告明确了全面建设社会主义现代化强国及其"两步走"战略安排,完整勾画了我国社会主义现代化建设的时间表、路线图。在建设社会主义现代化强国的全过程中必须面对并正确处理工农城乡关系。进一步说,农业农村现代化是整个现代化建设的基础和支撑,没有农业农村的现代化,就没有全国的现代化。也正因如此,中央将"坚持农业农村优先发展"确定为当前"三农"工作的总方针并要求全党及各级政府牢固树立农业农村优先发展的政策导向。基于上述这些认识,中共中央、国务院印发的《乡村振兴战略规划(2018—2022年)》明确提出,有条件的地区,到2022年要率先基本实现农业农村现代化,这是目前唯一明确时间节点的现代化,是全面建设现代化的第一场硬战。苏州提出2022年率先基本实现农业农村现代化,就是自觉强化答卷意识,扛起责任担当,争做率先基本实现农业农村现代化的标杆样板,努力为全省全国实现农业农村现代化探好路、领好向。

三、苏州率先基本实现农业农村现代化的基本内涵和指标体系

(一)农业现代化的基本内涵

20世纪50年代到60年代,党中央明确将农业现代化作为"四个现代化"的组成部分,确保了农业在国民经济和社会发展中的基础地位,且被概括为机械化、电气化、水利化和化学化。20世纪80年代后,人们愈加认识到,农业现代化要运用现代科学技术,以机械作业代替手工作业,以适度规模经营代替零星分散经营,使自给半自给的传统农业转化为专业化、商品化、现代化的农业。进入21世纪,人们普遍认为,农业现代化应该包括整个农业产业链的现代化,其核心是农业科学技术现代化。2016年,为贯彻落实《中华人民共和国国民经济和社会发展第十三个五年规划纲要》的部署,大力推进农业现代化,国务院编制的《全国农业现代化规划(2016—2020年)》明确指出,要牢固树立创新、协调、绿色、开放、共享的发展理念,以提高质量效益和竞争力为中心,以推进农业供给侧结构性改革为主线,以多种形式适度规模经营为引领,加快转变农业发展方式,构建现代农业产业体系、生产体系、经营体系,保障农产品有效供给、农民持续增收和农业可持续发展,走产出高效、产品安全、资源节约、环境友好的农业现代化发展道路,为实现"四化"同步发展和如期全面建成小康社会奠定坚实基础。综上所述,农业现代化是充分运用现代工业、现代生物科学技术,用现代市场经济观念和组织方式对农业的改造与管理,不仅要关注技术进步、组织创新,还要实现生产力发展和生产关系调整,要提

高全要素生产率,提升农业核心竞争力,实现农民收入稳定增长和生态环境可持续。因此,中国特色农业现代化是一个综合性、全方位的系统工程。

(二)农业农村现代化的基本内涵

农业农村问题始终是社会主义革命和建设的首要问题。中华人民共和国成立后,我们党虽然在不同的历史时期提出了"三农"工作的不同重点和不同抓手,但都坚持把农业农村问题作为一个整体统筹考虑、统筹谋划。党在执政之初就重视农村建设。在《一九五六年到一九六七年全国农业发展纲要》[①]中,党中央明确提出"建设社会主义农村",发展内容涉及农村文化、教育事业和交通运输等多个方面。改革开放后,实行家庭联产承包责任制极大地改变了农村面貌,尤其是党的十六届五中全会鲜明提出"建设社会主义新农村",强调其"是我国现代化进程中的重大历史任务",指出"要按照生产发展、生活宽裕、乡风文明、村容整洁、管理民主的要求"扎实稳步推进。这表明党中央在加快农业现代化建设的同时重视新农村建设,将其与农业现代化一道作为促进"三农"发展的重要手段。进入新时代以来,党中央提出实施乡村振兴战略,将农村放到了突出的位置上。实施乡村振兴战略,就是要按照"产业兴旺、生态宜居、乡风文明、治理有效、生活富裕"的总要求,加快推进农业农村现代化,逐步实现农业强、农村美、农民富。这体现了党中央对"社会主义新农村建设"思路的延续和深化,明确了农

---

① 《一九五六年到一九六七年全国农业发展纲要》,中共中央委员会提出,是我国第一到第三个五年计划期间,迅速发展农业生产力,以便加强我国社会主义工业化、提高农民以及全体人民生活水平的一个斗争纲领。

业农村现代化共同推进的发展取向。因此，党的十九大报告中首次提出了农业农村现代化的概念并做部署，传承发展了我国推进现代化的总体布局思路，标志着我国"三农"工作进入新的发展时期。

2018年1月出台的《中共中央 国务院关于实施乡村振兴战略的意见》指出，加快推进农业农村现代化，走中国特色社会主义乡村振兴道路，让农业成为有奔头的产业，让农民成为有吸引力的职业，让农村成为安居乐业的美丽家园。显然，农业农村现代化是乡村振兴的总目标，是一个综合性发展目标，不仅涵盖农业农村经济发展，还涵盖农村人居环境、社会治理情况、乡风文明程度和农民生活水平等多方面内容，同时还包含构建新型工农城乡关系。总体上，农业农村现代化主要包括农业现代化、农村现代化、农民现代化、城乡融合发展等四个方面。其中，农业是本体，农民是主体，农村是载体，城乡融合发展是必由之路。因此，"农业农村现代化"，它既不是农业现代化的简单延伸，也不是农业现代化和农村现代化的简单相加，而是在乡村振兴中推进农业农村现代化，是包括农村产业现代化、农村生态现代化、农村文化现代化、乡村治理现代化和农民生活现代化的有机整体，是为了保证城乡持续繁荣和乡村生态宜居，实现城乡经济、政治、文化、社会、生态的全方位有机融合。不仅需要建立健全现代化农业产业体系，构建现代农业生产经营体系、现代化农业服务体系，还需要加快农村全面深化改革工作，推进农业农村的持续健康发展，使之更加符合新时代的特点和建设社会主义现代化强国的要求。可见，农业农村现代化的具体内容，是内含于乡村振兴之中的。应按照乡村振兴20个字的总体要求，把握乡村产业振兴、文化振兴、人才振兴、生态振兴、组织振兴"五大振兴"重点任务，在统筹乡村经济建设、政治建设、文化建设、社会建设、生态文明建设和党的建设中,协同推进农业农村现代化,对内实现城乡融合发展,对外逐步缩小与发达国家的发展差距。

总之,农业现代化和农村现代化是一个整体。农业现代化是农村现代化的基础,农村现代化提供产业基础和物质保障;农村现代化是农业现代化的依托,是实现农业现代化集聚必需的人口、土地等要素的空间载体。从中华人民共和国成立初期提出在加快农业现代化的同时注重农村建设,到改革开放后强调社会主义农村建设的"新",再到新时代坚持农业农村优先发展的乡村全面振兴,这一从"农业现代化"到"农业农村现代化"的发展历程,体现了我党始终重视"三农"工作的基础地位,始终强调在"三农"工作中必须将农业和农村作为有机整体统筹发展,始终坚持对"三农"发展规律的不懈探索。

(三) 关于农业农村现代化水平的评价体系

农业农村现代化发展水平和实现程度需要科学的指标体系进行评价和衡量。而指标体系是发展理念和发展目标的重要体现,并随着发展进程不断与时俱进。

关于农业现代化水平的评价体系,研究较多,比较有代表性的有:一是国家统计局农村司、江苏省统计局"农业现代化评价指标体系构建研究"课题组,构建了农业产出效益、农业设施装备、农业科技进步、农业产业经营、农业生态环境、农业支持保障等6个一级指标[1];二是中国农业科学院农业经济与发展研究所从农业现代化的产业体系、生产体系、经营体系、质量效益、绿色发展、支

---

[1] "农业现代化评价指标体系构建研究"课题组. 农业现代化评价指标体系构建研究[J]. 调研世界, 2012 (7).

持保护等6个方面（参见表2），研究确定了23个量化指标，对2016年全国农业现代化发展水平进行了分省定量评价。此评价体系在参考国内外农业现代化评价研究的基础上，根据发达国家的历程和农业发展的特点，将农业现代化划分为发展起步阶段、转型跨越阶段、基本实现阶段及全面实现阶段。研究测算表明，2016年全国的农业现代化总体得分达到64.02分，说明我国农业现代化已经跨过了起步阶段和发展阶段，正处于农业现代化的转型跨越阶段，是发展阶段向基本实现阶段过渡的关键期。评价结果中江苏省位列全国第一，得分76.61分，处于基本实现阶段。①

表2 全国农业现代化监测评价指标体系及数据来源

一级指标	测算指标	数据来源
1. 产业体系	（1）口粮生产稳定度	中国统计年鉴
	（2）养殖业产值占农业总产值比重	中国统计年鉴
	（3）农产品加工业与农业总产值之比	农业部农产品加工局农产品加工业运行信息月报
	（4）农林牧渔服务业增加值占农林牧渔业增加值的比重	中国农村统计年鉴
2. 生产体系	（5）农作物耕种收综合机械化率	农业部农机化司行业统计数据
	（6）农业科技进步贡献率	各省（区、市）近年公布数据
	（7）农业信息化率	中国统计年鉴

---

① 中国农业科学院关于《全国农业现代化评价结果》的公示. 中华人民共和国农业部网站，http://jiuban.moa.gov.cn/fwllm/hxgg/201711/t20171117_5903945.htm.

续表

一级指标	测算指标	数据来源
3. 经营体系	（8）土地适度规模经营比重	经管部门土地规模经营统计资料
	（9）畜禽养殖规模化水平	畜牧部门行业统计资料
	（10）水产养殖规模化率	各省（区、市）上报数据，中国渔业统计年鉴
	（11）初中及以上农业劳动力比例	中国农村统计年鉴
4. 质量效益	（12）农业劳动生产率	中国农村统计年鉴，各省（区、市）统计年鉴，中国农村经营管理统计年报
	（13）农业土地产出率	中国农业统计资料
	（14）农民人均可支配收入	中国统计年鉴
	（15）农产品质量安全例行监测合格率	农业部行业统计数据
5. 绿色发展	（16）万元农业 GDP 耗水	中国统计年鉴
	（17）万元农业 GDP 耗能	中国能源统计年鉴
	（18）农药减量化	中国农村统计年鉴
	（19）化肥减量化	中国统计年鉴
	（20）农作物废弃物利用率	农业部行业统计
6. 支持保护	（21）农林水事务支出占农林牧渔业增加值的比重	中国统计年鉴
	（22）单位农林牧渔业增加值的农业贷款投入	各地中国人民银行分支机构统计资料
	（23）农业保险深度	中国保险年鉴

（来源：中华人民共和国农业部网，中国农科院关于《全国农业现代化评价结果》的公示）

关于农业农村现代化水平的评价体系，苏州则在全国做了率先探索。2020年3月，苏州正式发布《苏州市探索率先基本实现农业农村现代化三年行动计划（2020—2022年）》，宣布到2022年率先基本实现农业农村现代化。这是江苏省第一个围绕农业农村现代化出台的政策文件。与此同时，苏州开展农业农村现代化评价考核研究与实践，将之作为推动苏州市率先基本实现农业农村现代化的有力抓手。2020年5月28日，中国农业科学院、苏州市人民政府在北京市召开联合发布会，共同发布《苏州市率先基本实现农业农村现代化评价考核指标体系（2020—2022年）（试行）》。该指标体系框架设定为农业现代化、农村现代化、农民现代化、城乡融合4个领域，制定3级指标，涵盖市、县、镇3个行政层级，总体形成"四三三架构"。其中市级评价指标体系由12个一级指标、27个二级指标、49项三级指标组成（参见本章附件1），县级考核指标体系由38项指标组成（参见本章附件3），镇级考核指标体系由32项指标组成（参见本章附件4）。根据国际发达国家标准、国内先进城市地区标准和苏州特色标准，设定"农业农村全面现代化水平"目标值及相应权重，测算一个地区农业农村现代化程度的综合评分。0—59分为发展起步阶段，60—79分为转型跨越阶段，80—89分为基本实现阶段，90分及以上为全面实现阶段。（参见表3）

表3 农业农村现代化阶段划分

分值范围	农业农村现代化发展阶段
0—60分（不含60）	发展起步阶段
60—80分（不含80）	转型跨越阶段

续表

分值范围	农业农村现代化发展阶段
80—90 分（不含 90）	基本实现阶段
90 分及以上	全面实现阶段

这是全国首个农业农村现代化指标体系，迈出了探索中国特色社会主义乡村振兴道路新征程的重要一步，必将指引苏州走出一条具有中国特色、时代特征、以"三化一融，强富美高"为鲜明标识的农业农村现代化道路。

四、苏州率先基本实现农业农村现代化的短板问题

根据《苏州市率先基本实现农业农村现代化评价考核指标体系2020—2022 年（试行）》测算，2019 年苏州市综合得分为 79.22 分（参见本章附件 2），对照农业农村现代化阶段划分标准（参见表 3），属于转型跨越阶段，具备了率先基本实现农业农村现代化的坚实基础。

从指标体系 49 项指标（三级指标）看（参见附件 2），2019 年苏州市全面实现（100 分）的指标有 10 项，约占 20.4%，包括农产品加工产值与农业总产值比、农林牧渔服务业增加值占农林牧渔业增加值的比重、万人农业创新创业平台个数、集体经济强村占比、农村居民每百户年末家用汽车拥有量、人均预期寿命、快递服务覆盖率、劳均休闲农业接待人次、涉农贷款增长额占贷款增长总额比重、农村居民最低生活保障标准与城市比值。低于 60 分的有 12 项，约占 24.5%。其中农业现代化有 5 项，即粮食产量稳定度、

粮肉菜稳定保障指数、化肥投入强度、农业保险深度、农业劳动生产率；农村现代化有3项，即村5G通信网络覆盖率、特色康居（宜居）村占比、村党组织书记兼任村委会主任的村占比；农民现代化有3项，即农村居民人均可支配收入、新型农民占农业总人口比例、小农户农民培训占比；城乡融合上有1项，农业电子商务销售比例。

从12个主题（一级指标）看（参见附件2），90分以上的有4个，包括治理有效、公共服务现代化、城乡公共服务均等化、城乡居民收入均衡化；60分以下的主题有2个，即农业经营体系现代化和农民素质现代化。

从4个领域得分看（参见附件2），排序从高到低依次是城乡融合、农村现代化、农民现代化和农业现代化。

按照该指标体系测算（参见附件2），到2022年，如果能够完成规划目标值，可以估算全市农业农村现代化综合得分为89.95分，可率先基本实现农业农村现代化。

五、推进苏州率先基本实现农业农村现代化的举措建议

为2022年如期率先基本实现农业农村现代化，发挥探路先锋作用，未来几年，苏州必须以实施乡村振兴战略为总抓手，落实高质量发展要求，坚持目标导向、问题导向和结果导向，加快推进农业现代化、农村现代化、农民现代化和城乡融合发展，探索东部沿海发达地区率先基本实现农业农村现代化的苏州实践。

（一）聚焦农业现代化，进一步深化供给侧改革，加快培育农业农村发展新动能

这是苏州率先基本实现农业农村现代化的最大短板，必须着力下更大功夫。要瞄准都市生态农业定位，着力破解粮食产量稳定度、粮肉菜稳定保障指数、化肥投入强度、农业保险深度、农业劳动生产率等发展短板，统筹推进"三高一美"建设工程、农业园区提档升级工程、智慧农业建设工程、乡村产业融合工程、农产品区域公用品牌建设工程、绿色农业发展工程，促进农业与文化、教育、康养、旅游等产业深度融合，实现农业多元化和全产业链发展，高水平打造农村一、二、三次产业融合平台，特色农产品优势区和农业产业强镇，农业产业实现集群集聚发展。针对当前苏州农业供给还没有很好地转到满足市场需求升级上来，有机农产品发展还不适应消费需求的多样化，农业生产经营市场化程度落后，新技术、新产业、新业态、新商业模式也面临着增速低于预期等情况，必须继续下功夫深化供给侧改革，优化农业产业体系、生产体系、经营体系，提高土地产出率、资源利用率、劳动生产率，促进农业农村发展由过度依赖资源消耗、主要满足量的需求，向追求绿色生态可持续、更加注重满足质的需求转变，经过持续努力，基本形成现代都市生态农业蓬勃发展、优质高效、利益共享的产业融合新格局。

（二）聚焦农村现代化，大力度持续推进美丽宜居乡村建设

在此方面，与率先基本实现农业农村现代化指标值相比还有不小差距。要以美丽苏州、美丽村镇为统领，统筹推进"三特一

古"① 乡村建设工程、乡村基础设施提档升级工程、农村人居环境质量提升工程、农村公共文化服务体系建设工程、乡村治理能力提升工程，尤其是着力于特色康居（宜居）村建设，推动农村人居环境整治进入品质建设阶段，提档升级水电路气房网建设，到 2022 年实现行政村 5G 网络全覆盖。促进农村综合性文化服务中心等农村基本公共服务和社会事业发展，全面推进乡村"微自治"和精细化网格化管理。持续改善乡村环境，使苏州"农村美"的形态更加凸显，基本形成特色凸显、农民乐居、市民乐享的"苏式"乡村新风貌，以及党建引领、"三治"结合、充满活力、和谐有序的乡村治理新局面。

（三）聚焦农民现代化，持续改善农民生活

要着力"三提一保"②，统筹推进就业创业扶持工程、集体经济转型升级工程、相对贫困长效帮扶工程、农民文化素质提升工程、新时代文明实践提质工程，持续深化农村集体产权制度改革，加强就业创业服务、培训、扶持，全面推进精准帮扶机制，加快培养一支有文化、懂技术、善经营、会管理的高素质农民队伍，深入推进文明家庭和文明村镇建设，基本形成农民收入持续增长、生活质量显著提升、美好愿望基本满足的生活富裕新态势。在此方面，要尤为重视三点，一是农村居民人均可支配收入持续提升；二是新型农民占农业总人口比例，要尤为重视农二代、农三代的教育服务引领，他们已经成长为乡村建设的主要力量，也成为农村生活方式改善的主要需求者；三是要尤为重视保障农民的十大权利，即保障

---

① "三特一古"，指特色精品乡村、特色康居乡村、特色宜居乡村和古村落。
② "三提一保"，指提高农民生活质量、提高农民文明素养、提高农民自治能力和保障农村弱势群体。

农民在乡村的土地承包经营权、宅基地使用权、集体资产收益分配权,以及城乡融合过程中的人身财产安全、就业创业、体面居住、医疗卫生、养老社保、公平教育、政治参与方面的权利。

(四)聚焦城乡融合,加快深入推进"四化同步"发展

城乡融合发展是新时代推进农业农村现代化的根本要求,其实质是农业农村的高质量发展和共享发展。为此,以城乡融合发展推进农业农村现代化,苏州要落实"四个优先"①,深化城乡经济社会发展联动改革创新,着力破除户籍、土地、资本、公共服务等要素制约,健全城乡融合发展体制机制和政策体系,统筹推进城乡优质公共服务均等化工程、乡村人才队伍建设工程、土地资源配置优化工程、财政金融支持工程,在顶层设计上转向城乡融合发展。政策支持更多地向农村发展倾斜,实现财政支农资金集约化和市场化使用,持续推进基础教育高位均衡发展,持续推进提档农村基本公共卫生服务,持续优化城乡居民养老服务体系,持续推进城市科研人员、工程师、规划师、建筑师、教师、医生下乡服务,高标准编制"多规合一"村庄规划,实现村庄规划管理全覆盖,健全生态补偿机制,大力发展农业保险,推进政策性农业保险增品、提标、扩面,创新金融助农产品,引导工商资本深度参与农业农村现代化。实现城乡基础设施和公共服务一体化建设、一体化管护、一体化运营,促进城乡社会现代化经济体系、民主政治、文化生活、社会治理、生态文明互联互通,深度融合,真正形成工农互促、城乡互补、全面融合和共同繁荣的新型城乡关系。

---

① "四个优先",指在干部配备上优先考虑,在要素配置上优先满足,在资金投入上优先保障,在公共服务上优先安排。

附

以下附件摘自中共苏州市委农村工作领导小组关于印发《苏州市率先基本实现农业农村现代化评价考核指标体系（2020—2022年）（试行）》的通知，苏市委农发【2020】8号

附件1 苏州市率先基本实现农业农村现代化评价考核指标体系（2020—2022年）（试行）指标构成

苏州市农业现代化指标构成

一级指标	二级指标	序号	三级指标
农业生产体系现代化	农产品有效供给	1	粮食产量稳定度
		2	粮肉菜稳定保障指数
		3	"三高一美"指数
	农业绿色化	4	农业废弃物综合利用率
		5	化肥投入强度
		6	农药减量水平
		7	绿色优质农产品比重
	农业科技化	8	农业科技进步贡献率
	农业装备和信息化	9	农业信息化覆盖率
		10	主要农作物耕种收综合机械化率
农业经营体系现代化	新型农业经营	11	农户参加农民合作社比重
		12	农业园区面积占耕地面积比
	农业风险保障	13	农业保险深度

续表

一级指标	二级指标	序号	三级指标
农业产业体系现代化	农业产业融合	14	农产品加工产值与农业总产值比
		15	农林牧渔服务业增加值占农林牧渔业增加值的比重
	农业创新创业	16	万人农业创新创业平台个数
	农业综合产出	17	农业劳动生产率
		18	农业土地产出率

苏州市农村现代化指标构成

一级指标	二级指标	序号	三级指标
生态宜居	基础设施	1	村5G通信网络覆盖率
		2	农村生活污水治理率
		3	村生活垃圾分类处理占比
		4	农村无害化卫生户厕普及率
	村容村貌	5	特色康居（宜居）村占比
		6	村庄绿化覆盖率
	乡村生态保护与修复	7	自然湿地保护率
		8	国家地表水考核断面达到或优于Ⅲ类的比例
乡风文明	农村思想道德	9	县级以上文明村占比
	乡村文化	10	新时代文明实践站覆盖率

续表

一级指标	二级指标	序号	三级指标
治理有效	农村基层组织体系	11	村党组织书记兼任村委会主任的村占比
		12	乡村社区网格化管理覆盖率
	集体经济发展	13	集体经济强村占比
	乡村治理长效机制	14	村庄规划管理覆盖率

苏州市农民现代化指标构成

一级指标	二级指标	序号	三级指标
农民生活现代化	收入水平	1	农村居民人均可支配收入
	生活质量	2	农村居民恩格尔系数
		3	农村居民每百户年末家用汽车拥有量
		4	人均预期寿命
		5	农村居民人均教育文化娱乐支出占比（%）
农民素质现代化	职业素质	6	新型农民占农业总人口比例
		7	小农户农民培训占比
公共服务现代化	教育服务	8	农村义务教育学校专任教师本科以上学历比例
	医疗服务	9	乡村全科医生拥有量达标率
	交通物流服务	10	快递服务覆盖率
	养老服务	11	农村养老服务设施覆盖率

苏州市城乡融合指标构成

一级指标	序号	三级指标
城乡要素配置合理化	1	城镇化水平
	2	劳均休闲农业接待人次
	3	涉农贷款增长额占贷款增长总额比重
	4	农业电子商务销售比例
城乡公共服务均等化	5	农村居民最低生活保障标准与城市比值
城乡居民收入均衡化	6	城乡居民可支配收入比

（注：其中城乡融合3个二级指标与一级指标相同）

附件2　苏州市率先基本实现农业农村现代化评价指标体系

领域	序号	指标名称	全面实现现代化目标值	2019年完成	2022年目标	2019年分值	2022年分值
农业现代化	1	粮食产量稳定度	1.00	1.97	1.50	50.76	66.67
	2	粮肉菜稳定保障指数（％）	45.00	25.00	30.00	55.56	66.67
	3	"三高一美"指数（％）	100.00	90.00	100.00	90.00	100.00
	4	农业废弃物综合利用率（％）	100.00	95.30	98.00	95.30	98.00
	5	化肥投入强度（千克/公顷）	225.00	472.50	400.00	47.62	56.25
	6	农药减量水平	-2.00	-1.60	-1.80	80.00	90.00
	7	绿色优质农产品比重（％）	100.00	78.95	90.00	78.95	90.00

续表

领域	序号	指标名称	全面实现现代化目标值	2019年完成	2022年目标	2019年分值	2022年分值
农业现代化	8	农业科技进步贡献率（%）	80.00	71.50	73.00	87.75	91.25
	9	农业信息化覆盖率（%）	75.00	68.23	72.00	90.97	96.00
	10	主要农作物耕种收综合机械化率（%）	100.00	95.00	96.50	95.00	96.50
	11	农户参加农民合作社比重（%）	90.00	85.72	90.00	95.24	100.00
	12	农业园区面积占耕地面积比（%）	65.00	49.50	60.00	76.15	92.31
	13	农业保险深度（%）	1.50	0.45	0.80	30.00	53.33
	14	农产品加工产值与农业总产值比	6.00	7.30	7.50	100.00	100.00
	15	农林牧渔服务业增加值占农林牧渔业增加值的比重（%）	7.00	12.10	12.50	100.00	100.00
	16	万人农业创新创业平台个数（个/万人）	1.00	1.07	1.20	100.00	100.00
	17	农业劳动生产率（万元/人）	21.00	10.90	11.60	51.90	55.24
	18	农业土地产出率（万元/公顷）	15.00	10.12	12.00	67.47	80.00

续表

领域	序号	指标名称	全面实现现代化目标值	2019年完成	2022年目标	2019年分值	2022年分值
农村现代化	19	村5G通信网络覆盖率（%）	100.00	10.00	100.00	10.00	100.00
	20	农村生活污水治理率（%）	100.00	85.10	92.00	85.10	92.00
	21	村生活垃圾分类处理占比（%）	100.00	95.00	100.00	95.00	100.00
	22	农村无害化卫生户厕普及率（%）	100.00	99.99	100.00	99.99	100.00
	23	特色康居（宜居）村占比（%）	80.00	20.63	80.00	25.79	100.00
	24	村庄绿化覆盖率（%）	40.00	29.00	30.00	72.50	75.00
	25	自然湿地保护率（%）	70.00	58.50	61.00	83.57	87.14
	26	国家地表水考核断面达到或优于Ⅲ类的比例（%）	90.00	87.50	90.00	97.22	100.00
	27	县级以上文明村占比（%）	70.00	67.20	70.00	96.00	100.00
	28	新时代文明实践站覆盖率（%）	100.00	87.40	100.00	87.40	100.00
	29	村党组织书记兼任村委会主任的村占比（%）	80.00	45.00	75.00	56.25	93.75

续表

领域	序号	指标名称	全面实现现代化目标值	2019年完成	2022年目标	2019年分值	2022年分值
农村现代化	30	乡村社区网格化管理覆盖率（%）	100.00	98.50	100.00	98.50	100.00
农村现代化	31	集体经济强村占比（%）	60.00	98.22	99.00	100.00	100.00
农村现代化	32	村庄规划管理覆盖率（%）	100.00	90.00	100.00	90.00	100.00
农民现代化	33	农村居民人均可支配收入（元）	70 000.00	35 044.00	42 500.00	50.06	60.71
农民现代化	34	农村居民恩格尔系数（%）	22.50	25.20	24.50	89.29	91.84
农民现代化	35	农村居民每百户年末家用汽车拥有量（辆）	70.00	70.00	75.00	100.00	100.00
农民现代化	36	人均预期寿命（岁）	80.00	83.04	83.09	100.00	100.00
农民现代化	37	农村居民人均教育文化娱乐支出占比（%）	15.00	11.99	15.00	79.93	100.00
农民现代化	38	新型农民占农业总人口比例（%）	10.00	2.50	5.00	25.00	50.00
农民现代化	39	小农户农民培训占比（%）	100.00	58.9	80.00	58.90	80.00

续表

领域	序号	指标名称	全面实现现代化目标值	2019年完成	2022年目标	2019年分值	2022年分值
农民现代化	40	农村义务教育学校专任教师本科以上学历比例（%）	90.00	81.00	88.00	90.00	97.78
	41	乡村全科医生拥有量达标率（%）	100.00	83.00	100.00	83.00	100.00
	42	快递服务覆盖率（%）	100.00	100.00	100.00	100.00	100.00
	43	农村养老服务设施覆盖率（%）	100.00	88.90	95.00	88.90	95.00
城乡融合	44	城镇化水平（%）	80.00	77.20	80.00	96.50	100.00
	45	劳均休闲农业接待人次	60.00	170.92	180.00	100.00	100.00
	46	涉农贷款增长额占贷款增长总额比重（%）	15.00	19.11	20.00	100.00	100.00
	47	农业电子商务销售比例（%）	20.00	10.68	15.00	53.40	75.00
	48	农村居民最低生活保障标准与城市比值	1.00	1.00	1.00	100.00	100.00
	49	城乡居民可支配收入比	1.50	1.95	1.95	76.69	76.92
农业农村现代化苏州"实现程度"值						79.22	89.95

附件3 苏州市率先基本实现农业农村现代化县级考核指标体系

领域	序号	指标名称	单位
农业现代化	1	粮食产量稳定度	—
	2	粮肉菜稳定保障指数	—
	3	"三高一美"指数	—
	4	农业废弃物综合利用率	—
	5	化肥投入强度	千克/公顷
	6	农药减量水平	—
	7	农业科技进步贡献率	—
	8	农产品加工产值与农业总产值之比	—
	9	共享农庄（乡村民宿）新增数量	个
	10	农业园区面积占耕地面积比	—
	11	绿色优质农产品比重	—
	12	万人农业创新创业平台个数	个/万人
	13	农业土地产出率	万元/公顷
	14	主要农作物耕种收综合机械化率	—
农村现代化	15	村5G通信网络覆盖率	—
	16	特色田园乡村建设数量	个
	17	特色康居（宜居）村占比	—
	18	村生活垃圾分类处理占比	—
	19	农村生活污水治理率	—
	20	自然湿地保护率	—
	21	县级以上文明村占比	—

续表

领域	序号	指标名称	单位
农村现代化	22	国家地表水考核断面达到或优于Ⅲ类的比例	—
农村现代化	23	新时代文明实践站覆盖率	—
农村现代化	24	乡村社区网格化管理覆盖率	—
农村现代化	25	村党组织书记兼任村委会主任的村占比	—
农民现代化	26	农村居民人均可支配收入	元
农民现代化	27	小农户农民培训占比	—
农民现代化	28	新型农民占农业总人口比例	—
农民现代化	29	乡村全科医生拥有量达标率	—
农民现代化	30	农村养老服务设施覆盖率	—
农民现代化	31	农村义务教育学校专任教师本科以上学历比例	—
城乡融合	32	农村居民最低生活保障标准与城市比值	—
城乡融合	33	驻村设计师覆盖率	—
城乡融合	34	劳均休闲农业接待人次	—
城乡融合	35	农村宅基地和房屋确权完成率	—
城乡融合	36	村均集体可支配收入	万元
城乡融合	37	村庄规划管理覆盖率	—
城乡融合	38	城乡居民可支配收入比	—

附件4　苏州市率先基本实现农业农村现代化镇级考核指标体系

领域	序号	指标名称	单位
农业现代化	1	粮食产量稳定度	—
	2	粮肉菜稳定保障指数	—
	3	高标准农田建成总面积	亩
	4	高标准蔬菜地建成总面积	亩
	5	高标准鱼塘建成总面积	亩
	6	美丽牧场建成个数	个
	7	农产品加工产值与农业总产值之比	—
	8	绿色优质农产品比重	—
	9	共享农庄（乡村民宿）建设数量	个
	10	农业领军企业入园数	个
	11	万人农业创新创业平台个数	个/万人
	12	农药减量水平	—
	13	农业园区面积占耕地面积比	—
	14	主要农作物耕种收综合机械化率	—
农村现代化	15	特色田园乡村建设数量	个
	16	特色康居（宜居）村占比	—
	17	村生活垃圾分类处理占比	—
	18	村5G通信网络覆盖率	—
	19	农村生活污水治理率	—
	20	自然湿地保护率	—
	21	新时代文明实践站数量	个

续表

领域	序号	指标名称	单位
农村现代化	22	乡村社区网格化管理覆盖率	—
	23	村书记兼任村委会主任占比	—
农民现代化	24	农村居民人均可支配收入	元
	25	农村居民最低生活保障标准	元/月
	26	小农户农民培训占比	—
	27	农村养老服务设施覆盖率	—
城乡融合	28	驻村设计师覆盖率	—
	29	农村宅基地和房屋确权完成率	—
	30	村均集体可支配收入	万元
	31	劳均休闲农业接待人次	次
	32	村庄规划管理覆盖率	—

下篇

党的十八大以来,尤其是党的十九大后,苏州围绕高水平全面建成小康社会、高质量发展、农村集体经济产权制度改革、被撤并镇整治提升等重大目标和重点工作,大胆探索新时代城乡关系与推进之路,努力探索一条富有苏州特色、体现标杆水平的中国特色社会主义乡村振兴道路。本篇基于实践调研,从不同角度剖析、总结了新时代苏州全面深化改革、从城乡一体化走向城乡融合的实践路径和发展成效。

第七章

苏州乡村振兴战略实施现况调查

在中国特色社会主义新时代,乡村是一个大有作为的广阔天地,重塑城乡关系、走城乡融合发展之路正当其时。党的十九大报告提出实施乡村振兴战略,强调要坚持农业农村优先发展,按照"产业兴旺、生态宜居、乡风文明、治理有效、生活富裕"的总要求,建立健全城乡融合发展体制机制和政策体系,加快推进农业农村现代化。乡村振兴战略是新时代"三农"工作的新旗帜和总抓手,为农业农村工作指明了方向。因此,结合苏州经济社会发展的实际,把握苏州推进乡村振兴的现实基础、问题挑战和实现路径,对于我们理清思路、创新机制、落实举措,有序推动乡村全面振兴进程,具有重要意义。

一、苏州乡村振兴的现实基础

近年来,苏州始终坚持把深化城乡一体化改革作为贯彻落实新发展理念的有效抓手,紧紧围绕建设"强富美高"新苏州的目标任务,在农村经济、政治、文化、社会、生态文明和党的建设等方面呈现出良好的发展局面。主要体现在:

(一) 坚持多规融合，城乡发展布局不断优化

苏州各地均按照"一张蓝图管发展"的要求，加快响应长江经济带、长三角一体化等国家战略和"一带一路"等倡议，主动对接上海，率先编制"多规融合"空间统筹规划。吴江"三优三保"规划方案全部编制完成并上报，3个镇专项规划已获省政府批准，279个重点村庄、32个特色村庄详规编制工作全面完成。盛泽镇、震泽镇被列入全国新型城镇化综合改革试点，同里镇、震泽镇获批"美丽宜居小镇"，震泽镇、七都镇获批"全国特色小镇"，平望镇入选新一轮全省经济发达镇行政体制改革名单。城乡通达率进一步提升，农村公路五年改造计划顺利完成，城市轨交4号线开通运营，沪苏湖城际高铁、通苏嘉城际高铁等交通工程有序推进，与上海市闵行区、青浦区签订全面合作协议，同城苏州、接轨上海的步伐进一步加快。2018年9月，昆山市11个区镇"三优三保"专项规划顺利通过苏州市级审查。至2019年年初，苏州市41个镇（区、街道）"三优三保"专项规划获江苏省自然资源厅批复同意，有效提升了土地节约集约水平，为全市推进乡村振兴战略和社会经济高质量发展提供支撑。

(二) 坚持产业融合，现代农业体系不断完善

吴中区深入推进农业供给侧结构性改革，西山、太湖、澄湖三大农业园区提档升级，全区建成1100亩智慧农业示范区，农业现代化提速发展。昆山市始终坚持发展农业这一根本，围绕"面向现代、服务城市"总定位，以"生产、生活、生态"的有机统一、协调发展，大力发展现代都市农业，其中张浦镇力促一、二、三次产业融合发展，成功晋升为省级"先导区"。常熟加强农业招商，

以园区提档升级、产业融合增效、科技创新支撑、人才培育保障、农业生态保护为手段，落实发展扶持政策，大力推进农业品牌化、信息化、标准化、生态化建设，促进农民持续增收，提升常熟现代农业发展质量，形成了以国家农业科技园区为示范引领，粮食、蔬菜、水产三大主导产业带分布明显，各类园区基地特色鲜明的"一核三带多园区"的总体发展格局。吴江区按照"一镇一园""一核七片"的现代农业集群发展思路，"一镇一园区工程"加快提档升级步伐，积极争创国家农业产业化示范基地和省级农产品加工集中区，鼓励农业龙头企业通过集中配送、精深加工、综合利用等形式实现集聚发展，吴江国家现代农业示范区位列全国283个示范区第2名，申航生态（流水养鱼）、步步高集团（11.8度黄酒）等高质量农业科技项目落地入园。加快推动现代信息技术与农业生产发展深度融合，"经纬线"等农业企业电子商务平台快速发展，吴江区成为全国"互联网＋"现代农业工作会议暨新农民创业创新大会现场考察点。苏州率先建成全国县级国家实验室农产品检测中心，区域范围内农产品例行监测和蔬菜快速检测水平得到提升，2017年农机化综合水平自测94.13%，全省领先。

（三）坚持抱团发展，村级集体经济不断壮大

近年来，苏州市持续深化农村产权制度改革，坚持市场导向，积极构建适应新时代要求的村级集体经济组织形式、发展模式、推进方式，不断创新农村集体经济发展体制机制，多措并举增强村级集体经济发展活力，农村集体资产保持稳步增长，位居全省前列。至2018年年末，全市96个镇（涉农街道）、1 272个村（涉农社区）的镇村两级集体资产总量达1 970亿元，比上年度增加130亿

元,增长了 7.07%,其中常熟市、吴中区、张家港市集体资产总量分别列全市前三位。2001 年 8 月,吴中区率先成立了江苏省首家"集体资产股份合作社",围绕以农民集体收益分配权退出改革和农民专业合作社质量提升整区推进两项国家级试点改革,推进社区集体资产集中经营管理,以镇(街道)为单位推动村级集体经济抱团发展、异地发展、升级发展、转型发展,至 2018 年,村级集体净资产、村均稳定收入分别达到 98 亿元和 1 341 万元。苏州全市净资产超亿元的村达 115 个,其中吴中区 28 个,位列全市第一,占全市的近四分之一。吴江区大力实施村级经济"五年倍增计划"(2014—2018),重点聚焦集体经济相对薄弱村帮扶转化工作,2017 年村级稳定性收入同比增长 5.68%,50 个相对薄弱村村均稳定性收入达到 267 万元。以统筹化为思路实现主体升级,累计建成 1 个区级统筹平台(惠村公司)和 8 个镇级统筹平台,区级平台 2017 年向 50 个薄弱村分红超过 2 100 万元(含财政配套)。以多元化为方针实现项目升级,累计建成 8 家规模型农贸市场、17 个村级污水处理厂、12 个大型农民宴会厅等,呈现出村级发展多样性新业态。

(四)坚持绿色发展,城乡人居环境不断改善

全力打造江南水乡标杆,扎实开展"263"专项行动,开展绿化及环境专项整治、"散乱污"整治行动等,全面深化河长制(湖长制)改革。吴江区实施"三水同治",2017 年淘汰喷水织机 4.47 万台,311 个重点村、特色村农村生活污水治理实现全覆盖,全区"十三五"水环境质量考核断面水质、太湖流域断面水质及饮用水水质达标率均为 100%。深入开展"特色田园乡村""康居特色村""美丽乡村"等创建工作,累计建成省级"三星级康居乡村"21

个，省级"美丽乡村"7个，省级"绿化示范村"151个，同里镇北联村获批"全国美丽乡村"试点，震泽镇众安桥村入选省级"特色田园乡村"首批试点村。吴中区香山街道舟山核雕村核雕生产经营面积达53 360平方米，拥有各类核雕工作室、陈列室520余个，核雕从业人员3 000余人，跨老、中、青三代，形成了一条包括原料采购、核雕生产制作、包装设计、对外销售与文化投资等在内的较为成熟的产业链，年销售额在3亿元左右，前来交易和旅游观光的客流量达20余万人次，实现了文商旅的融合发展。吴中区临湖镇柳舍自然村以精品民宿项目为抓手，激活本村乡村旅游产业，对村民闲置的民房，采取合作社模式规模化经营管理，形成具有品牌效应的民宿产业集群，深入发掘集休闲旅游度假与农耕文化体验于一体的特色乡村旅游经济，把美丽乡村建设和休闲农业、乡村旅游有机结合，展现江南水乡特色。

（五）坚持党建引领，共治善治水平不断提升

太仓市在全国率先探索实践"政府行政管理与基层群众自治有效衔接和良性互动"的基础上，以"绣花"功夫创新社会治理，推行小区停车、禁燃爆竹、环境整治、小区管理等微自治，推行多元参与、大联动，以小网格撬动大治理，多措并举打通社会治理"毛细血管"，全市社会治理体系和治理能力得到持续发展，走出了一条具有太仓特色的善治之路。吴江区推动融入式党建在农村落地生根、创新发展，选优配强村党组织书记，建立基层党组织书记轮训制度，开展新老书记"红色拉力棒"行动，出台《关于进一步完善村干部激励保障机制的意见》，不断夯实党在农村基层执政的组织基础。完善农村基层群众自治制度，不断提高村务公开和村务

监督水平。深入推进社会综合治理网格化联动机制建设,全区共划分基层网格899个、专业网格160个,以"大联动""网格化"加强城乡社会治理。打造"江村通"农村集体"三资"监管品牌,开展集体资产清产核资,全面实现农村集体资产线上交易,促进农村集体资产保值增值、阳光运营。

二、苏州乡村振兴的短板问题

通过多年的不懈努力,苏州在统筹城乡发展推进城乡一体化进程中积累了一些经验、取得了一定成绩,为推动乡村全面振兴奠定了良好基础。但对照中央实施乡村振兴战略的总要求,以高质量发展和现代化示标来考量,苏州在特色小镇和特色田园乡村建设、农村制度改革、被撤并村镇优化发展、提升农村农民精神面貌、新农村建设、引导工商资本下乡、农村带头人培养等方面仍存在着薄弱环节和矛盾问题,这些问题影响苏州城乡融合高质量发展,亟须加以改进。主要体现在:

(一)村级集体经济短板明显

一是总体收入水平较低。如,吴江区作为乡镇企业"彻底改、改彻底"的典型代表,虽然通过乡镇企业改制实现了民营经济的大飞跃,但伴随而来的是农村集体经济的相对薄弱,这成为吴江"三农"工作的突出短板。村级稳定性收入虽然每年保持稳定增长,但2017年全区村级集体经济总收入仅为14.4亿元,在苏州大市范围排名靠后;村均稳定性收入仅为405万元,只有苏州大市平均水平的一半。二是发展模式比较单一。目前,苏州村集体经济仍然主要以标准厂房、商业店面等经营性物业的"房租经济"作为收入来源,加之以往粗放式的盲目扩张,进一步加剧了农村资源紧张、违规用地现象频发和同质化竞争严重,导致近几年苏州村级集体经济增速明显放缓。三是发展不均衡性比较明显。苏州农村集体经济发展收入水平明显不平衡,均衡发展程度不够。如张家港市永联村、吴中区天平村稳定性收入超过亿元,是名副其实的"亿元村",而吴江区、吴中区等地处太湖之滨沿线经济相对薄弱村却集中连片。因受太湖保护条例的相关限制,以及地理环境、交通等情况的先天不足,这些村目前普遍存在村级资产少、工业基础薄弱的现状,给帮扶转化工作带来较大压力。同时,集体经济的"营养不良",导致了农村公共服务配套水平不高,富民增收的内生动力不足,集体经济组织成员参与集体经济发展的途径不多、程度不深,这更加剧了发展的不均衡。四是基层村级经济发展过程中没有明确的税收优惠政策。目前,苏州集体经济整体发展还远未达到不需要扶持的阶段。即便如广东、浙江等地区,村级经济发展也还需配套诸多优惠政策。因为客观上集体经济组织的确承担了大量村级各类支出费用,为农村基层和谐稳定发展提供了重要物质保障,但在市场竞争力上普遍较弱。

(二)"三农"人才队伍力量不足

乡村振兴最大的短板是人才,我们在走访调研中听到的最多的感慨就是"没有人",各种人才的缺乏导致乡村振兴的各种规划难以落地实施。一是村级经济发展"领头羊"严重缺乏。目前的镇村干部多年来一直以守土看地、保护环境为主要工作,现有镇农办、各类农业公司的技术水平和业务能力更与现代农业经营管理水平和理念相去甚远,各村普遍缺乏有魄力、懂经济、有思路的村级经济发展"领头羊",现有的基层力量确实还很薄弱。同时,与承担的责任相比,村干部待遇偏低,特别是退休后的待遇和城镇同级别干部相比差别太大。二是基层农经队伍偏弱。区镇农经工作人员受待遇偏低(一半是借用和自用人员)、人员结构老龄化(50岁以上超过三分之一)和学历层次不高(近半数是大专及以下学历)等因素影响,队伍的整体素质能力不够理想,部分人员难以适应新形势下农村规范管理、创新发展的新要求。三是专技队伍规模层次偏低。至2018年,全市累计认定新型职业农民不足3 000名,农业专业人才、科技人才队伍更是短缺。随着文旅农业、"互联网+农业"等新产业、新业态的加快培育,新品种、新技术的运用推广将更加迫切,传统的种植手段和经营方式急需转变,现有的新型职业农民和农技人才队伍难以实现与技术和市场的有效对接。四是乡土人才缺失严重。现有的乡土人才普遍存在着整体文化水平偏低,技术水平和业务素质不高,对新技术、新业态掌握滞后等问题。部分乡土人才虽有一技之长,但组织较为松散,优势难以互补。务农劳动力老龄化严重,当前从事农业生产的多为50后、60后,青年一代甚至农学专业的大学毕业生都不愿意到农业领域就业,"谁来种田"已成为乡村振兴面临的巨大挑战。

(三) 乡风文明建设水平有待提高

一是思想道德建设仍需加强。受传统风俗和落后思想观念的影响,迷信、赌博、大操大办等陈规陋习在农村依然存在。随着城镇化进程加快推进和市场经济大潮冲击,农民的集体意识弱化,个人利益最大化思想盛行,邻里、亲朋之间矛盾纠纷增多。培育文明乡风、良好家风、淳朴民风,提振农民精气神的浓厚氛围没有真正形成。二是公共文化建设仍需加强。部分农村的公共文化基础设施薄弱,贴近农村、贴近群众、贴近生活,为农民群众喜闻乐见的文化活动未能正常开展。部分农村虽然建设了文明馆廊、农家书屋等文化阵地,但因人员、经费和制度不到位,造成使用效率低下,没能充分发挥弘扬社会主义核心价值观和传播社会正能量的应有作用。三是乡土文化开发利用仍需加强。随着城市文化和外来文化的元素不断流向农村,农村本土文化迎来了挑战,农耕文化渐行渐远,剪纸、山歌、戏曲等传统优秀民俗文化正渐渐淡出人们的生活,一些历史遗存、物质和非物质文化遗产等挖掘、利用和传承仍不够深入充分,具有一定影响力的江南特色乡村文化品牌还不够多。

(四)农村生态环境比较脆弱

一是村镇面貌有待改善。在推进美丽乡村建设中,小散乱企业治理难度较大,环境整治的长效管理和经费保障等机制有待加强。村庄特色彰显不够,地方文化民俗特色不充分,特色亮点还不明显。被撤并镇环境设施老化,教育、文化、卫生、体育等公共服务配套明显不足。垃圾中转站、生活污水处理设施、公共厕所等工程受用地指标等因素影响,实施进展缓慢。二是水环境综合治理任重道远。苏州河湖众多,全市共有河道21 084条,总长达1 457公里,是中国拥有河道最长最多的城市;拥有湖泊323个,是典型的江南水乡。近年来通过大力开展"畅流活水"工程、河长制、"黑臭"河道整治等工作,河道环境已有较大改观,但是工业排污、农业面源污染、农村污水排放等防治工作还需加大力度,加之部分村民意识不强,乱倒垃圾、乱排污水等不文明现象仍然存在,长效保洁护水任务较重。三是农村污染防治难度较大。工业污染方面,"散乱污"企业集中在农村地区和城乡接合部,散布在镇(区)、村(社区),存量较大。农业面源污染方面,随着河湖长制工作不断推进,全市共划定畜禽养殖禁养区5 303平方公里、限养区1 823平方公里,占全市国土面积的比例分别超过了六成和二成,河湖沿线200米范围内养殖场均要关闭,监管难度随着整治范围的扩大也将进一步加大。农村生活污水治理方面,虽然已经实现了重点村特色村生活污水治理全覆盖,但是在运转率、接管率、出水达标率等方面还有待进一步提高。

(五)投入保障机制尚未健全

一是涉农资金使用分散。目前,苏州涉农资金仍以财政投入为主,虽然每年财政投入总量不小,但是补助范围和对象分散,难以集中力量重点打造农业发展特色亮点。二是涉农政策交叉重复。因涉农资金政策分散在不同职能部门,故存在一定的政策交叉重叠现象。如国土局的土地治理项目、农委的高标准农田建设和农业综合开发项目、水利局的小农水建设项目,这些项目都涉及农田水利建设,在建设内容、建设范围、实施手段等方面相似度很高,但是因涉农财政补助项目实行条线管理,部门间的信息没有完全公开共享,导致各部门在项目选择、资金投向上没有达到协调一致。三是涉农资金尚未整合。虽然,国务院出台了《关于探索建立涉农资金统筹整合长效机制的意见》,对涉农资金统筹整合有了指导性意见,但在实际操作中还未完全整合到位,上级资金还是以专项转移支付为主,且专项都有专门用途,基层财政无法统筹整合。四是工商资本参与度不强。近年苏州城乡一体化发展的良好态势吸引了越来多的工商资本关注，但是由于农业实现的比较效益较低，导致工商资本较少选择投入农业，等待观望的多，深度参与的少。

三、苏州实现乡村振兴的路径选择

苏州乡村振兴的短板问题在全国范围具有一定的普遍性。苏州如何高效大力实施乡村振兴战略？基于苏州的调查，我们认为，要切切实实贯彻好、落实好习总书记关于乡村振兴的一系列重要论述，特别是习总书记视察江苏的重要讲话精神，就必须进一步完善党管农村工作的体制机制，以问题为导向，坚持系统化思维，坚持稳中求进工作总基调，坚持新发展理念，落实高质量发展的要求。要紧紧围绕统筹推进"五位一体"总体布局和协调推进"四个全面"战略布局，坚持把解决好"三农"问题作为全党工作重中之重，坚持农业农村优先发展，坚持系统化思维，注重规律性把握，按照"产业兴旺、生态宜居、乡风文明、治理有效、生活富裕"的总要求，建立健全城乡融合发展的体制机制和政策体系。要统筹推进农村经济建设、政治建设、文化建设、社会建设、生态文明建设和党的建设，协调推进乡村产业振兴、人才振兴、文化振兴、生态振兴、组织振兴，努力率先实现乡村治理体系和治理能力现代化，努力率先实现农业农村现代化，走出一条具有苏州特点、体现标杆水平、城乡融合发展的乡村振兴道路。

（一）以产业高质量发展推动乡村产业振兴

产业兴旺是乡村振兴的重点。新时代苏州农业产业化发展，既要解决农业供给侧结构性矛盾，也要拓宽视野，推进农村二、三产业发展,促进农村一、二、三次产业的融合发展,以休闲农业、乡村旅游、农村电商、现代食品产业等新产业、新业态为抓手,构建现代农业产业体系、生产体系、经营体系。突出农村经济提质增效,加快推动农业农村经济质量变革、效率变革、动力变革。一是优化乡村产业布局。对全域乡村的空间形态、产业布局、生态保护、基础设施、公共服务等进行全面规划、系统设计,优化城乡空间布局。有序编制村庄建设详规,加强村庄空间管控,加快推进农村基础设施、整体风貌的合理布局。开展镇、村两级工业集中区优化提升行动,优化调整农村产业布局和产业结构,引导一、二、三次产业规范有序发展。二是大力发展现代都市农业。深化农业供给侧结构性改革,加快推进农业由增产导向转向提质导向,大力开展"三高一美"(高标准田园小综合体、高标准水产养殖、高标准蔬菜基地和美丽生态牧场)示范基地建设,积极培育家庭农场、专业大户、农民合作社、农业龙头企业等新型农业经营主体,不断开发农业新产业、新业态、新模式,构建产学研融合的科技创新联盟,充分运用互联网、物联网、大数据等手段,重点打造产供销一条龙服务体系。三是大力发展新型集体经济。针对集体经济发展普遍面临的产业形态散乱低效、产出效益不高等问题,苏州要在发展方式上求突破,积极探索集体资产集中经营、委托管理等资产运营新机制,通过市场化配置手段实现集体资产保值增值。鼓励集体经济组织创办休闲观光农业和乡村旅游合作社,或与社会资本联办休闲观光农业、乡村旅游产业和农村服务业。注重依托区镇两级统筹发展平台优势,跳出"小镇个村"局限,集中力量在城乡结合、商贸流通、产业集群等优质区位优先发展配套产业和优质物业,实现异地发展、远程发展。创新拓展集体经济与国有、民营经济的联动发展,依托国有、民营经济的产业与市场优势,推动集体经济统筹平台更好地参与社会化分工。四是大力构建一、二、三次产业融合发展体系。坚持把建设特色小镇作为产业兴旺的重要内容,明确一、二、三次产业融合主攻方向,推动农业"接二连三",使农业产业链、价值链前后延伸。突出"以文促旅、以旅兴农",大力发展农旅文深度融合产业项目,持续提升创意农业、民宿经济、乡村旅游、农耕文化发展水平,建设一批设施完备、功能多样的休闲观光农业园区、康养基地、乡村民宿和农业示范村。

(二)以培育造就"三农"工作队伍推动乡村人才振兴

一是实施人才下乡计划。加大人才引进培育力度,落实各项激励扶持政策,加快建设新型职业农民、专业人才、科技人才、乡土人才4支队伍,促进各路人才"上山下乡"。开展人才下乡计划,制定专门人才政策,鼓励经营主体引入海归人才、科研团队、科研工作站等,持续开展新型职业农民认定工作。二是培养乡土人才。加大乡土人才培育宣传力度,吸引农村青年留在家乡参与建设,大力实施乡土人才"三带"行动计划,发挥乡土人才在带领技艺传承、带强产业发展、带动群众致富等方面的作用,引导乡土人才建立合作社、建设创业型园区,带动当地群众就业创业。三是营造良好氛围。落实财政、税收优惠政策,通过以奖代补等方式,对"三农"人才创办的特色企业、合作社等给予重点扶持,吸引专家、科技人员、留学归国人员、大学生等返乡下乡开发农业农村资源,积极创造尊重、关心、爱护"三农"人才的良好社会环境。

(三)以加强乡风文明建设推动乡村文化振兴

一是推进文明风尚建设。突出抓农村精神文明建设,深入开展文明镇（街道）、文明村（社区）、文明户（家庭）创建活动，要把农村思想道德建设和公共文化建设摆在更加突出的位置，以社会主义核心价值观为导向，深入挖掘、继承、创新优秀传统文化，努力培育弘扬文明乡风、良好家风、淳朴民风，切实提高乡村文明程度。传承弘扬优秀农耕文化和民俗文化，推进综合性文化服务中心建设，通过广泛举办农民文化体育演出赛事及乡村节庆活动等加强多样农村文化供给。注重农村先进典型示范引领，开展好夫妻、孝儿女、好婆媳、好邻里、好母亲推选活动，强化伦理道德、村规民约、风俗习惯等乡村社会规范。推进农村平安社区、和谐社区建设，开展丰富多样的移风易俗活动，努力消除农村的陈规陋习。二是要加强农村公共文化服务体系建设。加快建设城乡"十分钟文化圈"，推进公共数字文化建设，建立资源丰富、技术先进、传输便捷、覆盖农村的优质数字文化服务体系。实现县级图书馆、乡镇文化站、农家书屋免费开放、资源共享，着力提升公共文化资源供给水平，广泛组织开展公益性惠民活动，开展群众喜闻乐见的优秀广场活动，培育优秀文化活动品牌，打造优秀群文团队，培养优秀群文骨干。三是要健全"三治"相结合的乡村治理体系。坚持以自治为基础、法治为根本、德治为先导，推进乡村治理体系和治理能力现代化。加强农村基层群众性自治组织建设，充分发挥村务监督委员会和村民自治章程、村规民约、专项公约的积极作用。加强乡村法治建设，推动乡镇政府依法行政，积极推动政社互动，吸收社会组织、行业协会积极参与乡村法治建设。提升乡村德治水平，强化道德教化作用，建立道德激励约束机制，运用农民群众喜闻乐见的形式传播美德力量，鼓励崇德向善，形成新时代乡村道德规范。加强无神论宣传教育，抵制封建迷信活动。依法打击农村非法宗教活动和境外渗透活动，着力整治农村私建庙宇、教堂等违法违规行为，依法制止利用宗教干预农村公共事务。四是推进乡土文化建设。传承乡土文脉，保护非物质文化遗产和传统技艺，加强对民间技艺、乡风民俗的挖掘、保护、传承和利用。加大遗存古镇古村保护开发力度，依托运河文化、太湖文化、长江文化资源优势，因地制宜挖掘镇村资源禀赋，不断赋予时代内涵，开发文化创意产品，打造特色品牌，建好苏州水乡文化生态和文化产业。五是推进乡贤文化建设。苏州历来崇文重教，社会英才辈出。要充分利用苏州籍精英人士和成功人士的作用，充分凝聚他们回报家乡的乡土情结，发挥他们视野开阔、思想开放，拥有资金、信息、市场和人脉的优势，鼓励催生新型乡贤文化，充分发挥好乡贤文化在建设家乡、乡村治理、扶危帮困方面的示范引领作用。

（四）以突出农村环境综合治理推动乡村生态振兴

一是加大特色田园乡村建设力度。鼓励有条件的地区整体推进美丽乡村建设，引导农房组团更新、"空心房"置换和美丽乡村建设同步协调推进，重视挖掘保护传统农耕文化，着力彰显乡土田园风貌特色，积极打造乡村旅游精品线路，加强江南水乡特色田园乡村建设的整体统筹规划，打响"江南水乡"生态品牌。二是加大水环境系统化治理力度。树立"绿色江南，水韵苏州"理念，统筹"263"专项行动、"三水同治"、"河湖长制"等工作，打造"智慧水利"平台，构建长江、太湖、京杭运河等重点江河湖水上执法网络，实施城乡生活污水治理提质增效行动，推进农村户用卫生厕所建设和改造，全面提升苏州水环境质量。三是加大污染防治保护力度。以农村生活垃圾、污水治理和村容村貌提升为主攻方向，实施农村人居环境整治提升行动。积极推动智慧环保建设,深入推进"两高一低"行业和农村"散乱污"企业集中整治。开展禁燃区建设,狠抓燃煤锅炉整治和有机挥发物治理,实现有机废气排放总量大幅消减,打赢蓝天保卫战。制订受污染土地修复计划,统筹推进危废处置和土壤治理工作,加快固废处置与利用工作,建立健全分类投放、分类收集、分类运输、分类处理的农村生活垃圾处理系统。

(五)以夯实农村基层基础推动乡村组织振兴

一是坚持党管农村。健全党委统一领导、政府负责、党委农村工作部门统筹协调的农村工作领导体制,深化农村党建富民先锋行动,整顿软弱涣散的农村基层党组织,更好地发挥党组织的战斗堡垒作用。健全村党组织领导下的村民自治制度,构建德治、自治、法治相融合的乡村治理体系。二是强化组织保证。实施"新时代新接力"农村基层党组织带头人培养计划,优先选派能力强、作风实和熟悉"三农"工作的干部到各级党委、政府领导班子,选优配强镇(街道)、村(社区)党组织书记,加快培养基层党组织书记后备人才梯队,健全基层党组织书记激励保障机制。三是提升素质能力。以加强理想信念教育为引领,牢固树立联系群众之风、求真务实之风、艰苦奋斗之风、调查研究之风和改革创新之风,注重激发党员干部的凝聚力和战斗力,不断提升德能素养。结合"不忘初心、牢记使命"主题教育,深入学习贯彻落实习近平新时代中国特色社会主义思想和党的十九大精神,进一步增强党员干部脱贫攻坚、乡村振兴等各项工作的自觉性,不断提升履职担当的能力本领。

（六）以强化制度政策集成供给推动体制机制创新

一是开展农村土地制度改革。完善农民闲置宅基地和农房政策，落实宅基地集体所有权，在保障农户宅基地资格权和农宅财产权，适度放活宅基地和农民房屋使用权的基础上，激活农村宅基地流转市场。通过探索宅基地所有权、资格权、使用权"三权分置"，有序置换农村用地资源，用于支持现代农业建设、农村新产业新业态发展、民生基础设施建设等项目用地。二是深化农村集体产权制度改革。加快完成镇级集体资产清产核资，加快推进集体资产股份权能改革和农民集体收益分配权有偿退出改革试点，完善农村集体资产股权管理办法，探索股权的继承、转让、抵押担保等后续制度安排。稳步推进"政经分开"改革，进一步理顺村党组织、村委会与集体经济组织关系，因地制宜制定村级基本公共服务开支财政承担标准。三是健全完善投入保障机制。保持财政支农资金的持续稳定增长，加大财政支农统筹力度，多层次、多形式推进涉农资金整合。引导支持工商资本、社会力量深度参与乡村振兴和农村一、二、三次产业融合发展，创新农村投融资机制，畅通农村利用资本市场直接融资渠道，加强涉农重点企业上市培育工作，鼓励涉农企业发行债券等直接融资产品。四是健全完善公共服务供给机制。以苏州市"十三五"时期基层基本公共服务功能配置标准为统领，加快补齐影响群众生活品质的短板，促进城乡基本公共服务均等化。实施农村公路提档升级工程，优化城乡公共交通网络。促进教育、卫生、养老等服务体系加快向乡村延伸，打造"教育名市"，扎实推进深化教育综合改革全面提升教育质量三年行动计划；大力推进优质医疗资源下沉，构建分级诊疗制度，强化基层医疗卫生服务机构向市民健康管理综合服务平台转型；加快城乡养老服务建设，建设以居家为基础、社区为依托、机构为补充的医养结合养老体系。把基础设施建设重点放在农村，促进城镇基础设施向农村延伸，实现城乡互联互通、共建共享。深入推进基本公共服务均等化行动计划，着力补齐基层公共服务供给短板。

第八章

苏州农村集体经济产权制度改革调查

农村集体经济是在中华人民共和国成立以后通过土地制度改革，通过农业合作化，再通过农村改革而逐步形成的，是社会主义公有制经济在农村的重要体现。发展壮大农村集体经济，是对农村"统分结合、双层经营"基本经济制度的完善，是推进农业适度规模经营、优化配置农业生产要素、实现农民共同富裕、提高农村公共服务能力、完善农村社会治理、实现乡村振兴的重要举措，不仅切切实实关系到农民的切身利益，而且也切切实实关系到中国广大农民坚持走社会主义道路这一根本问题，对于统筹城乡发展、促进社会和谐、巩固执政基础和全面建成小康社会开启社会主义现代化进程具有重大意义。进入新世纪，尤其是党的十八大以来，苏州紧紧抓住城乡发展一体化国家级改革试点契机，积极探索农村集体经济在市场经济条件下的有效实现形式，重点推进以农村集体资产股权量化为特征的产权制度改革，使集体经济运行机制发生了深刻变革，集体所有制经济焕发出新的生机和活力，极大地促进了农村的经济繁荣和农民的共同富裕。

一、深化农村集体经济改革的时代要求

伴随农村改革开放,苏州农村集体资产家底日益丰厚,至2018年年末,苏州全市镇村两级集体总资产量已达1 970亿元,村均稳定性收入为850万元。可以说,集体经济发展是苏州农村的一大特点,苏州发展集体经济也积累了一定的经验。但随着农村经济社会深刻变化和市场化步伐日益加快,一些地方的村级集体经济发展明显滞后,难以实现集体资产、资源、资金的保值增效和提高,村集体自我发展与保障能力,与推进农业农村现代化、促进农村经济社会发展和完善乡村治理的要求不相适应。不仅存在着农村集体经济产权不清、管理不严、效益低下和民主监督失效等问题,而且在深化改革过程中,政府部门对于村集体的政策支持侧重于民生和社会管理,对村集体经济发展的政策支持偏少。同时,农村集体经济组织成员加速流动,集体经济结构和集体资产的表现形态发生了很大变化,这使得现有农村集体经济组织制度越来越不适应新的发展形势,尤其是在集体资产所有权及其处置、组织成员资格界定、集体资产管理和经营等方面引发了一系列不容忽视的问题。苏州村级集体经济已经过了小打小闹式的阶段,需要引入现代管理以突破以往的局限性。要通过模式创新拓宽增收的渠道。基于集体经济发展的时代要求,中央做出了稳步推进农村集体产权制度改革的重大战略部署,并于2016年12月印发了《中共中央 国务院关于稳步推进农村集体产权制度改革的意见》,明确要求要适应健全社会主义市场经济体制的新要求,适应城乡一体化发展的新趋势,围绕健全中国特色社会主义农业体系、维护农民合法权益、促进农民增收、提高

农村治理能力等方面去推进农村集体产权制度改革。

二、苏州集体经济改革和发展现状

集体经济高度发达是过去"苏南模式"的重要内容,也是当今苏州农村发展的重要特征。苏州集体经济发轫于20世纪50年代社会主义改造之时,长期在农业领域探索前进。改革开放后,集体经济逐步从工分农业中解放出来,经历了乡镇企业异军突起,进入新世纪后走向资产经营。2001年,苏州以农村集体产权制度改革为核心推进农村集体经济改革,按照"资源资产化、资产资本化、资本股份化、股份市场化"的改革方向,从吴中区木渎镇金星村率先开始进行试点探索,拉开农村集体产权制度改革序幕,并于2006年开始全面推进该项改革。在经历十年的艰苦探索之后,到2010年,全市所有乡镇99%的村经济合作社均已完成以社区股份合作制为主要内容的集体产权制度改革。在推进改革的过程中,苏州严格按照"清产核资、摸清家底,设置股权、量化资产,配置份额、发放权证"等步骤,将村级集体资产,按成员资格和劳动贡献等要素折算成份额进行量化,按人头决策、按份额分配,落实了农村集体经济组织成员对本组织集体资产的股份占有权和收益权。特别是近年来,在工业化、城镇化、信息化和农业现代化"四化同步"推动下,苏州城乡融合趋势和特点越来越明显,加快向着股份化、综合体道路不断迈进,逐步形成了苏州新型集体经济的升级版。

(一)改革过程

2018年6月,农业农村部确定江苏等3省为全国农村集体产权制度改革整省试点省份，要求 2018 年年底完成清产核资工作，2020 年完成经营性资产股份合作制改革。而苏州市农村集体产权制度改革工作起步早、发展快，在深化改革、构建农村新的治理和发展方式等方面走在全省前列。从 2011 年开始，苏州围绕改革的深化和完善，重点抓了三项工作，唱响农村集体产权制度改革"三部曲"：

1. 全面推进股权固化。苏州股权固化改革大体经历了三个阶段：2001 年至 2005 年为试点探索阶段，在股权量化办法上，主要按户籍是否在册设立基本股，股权结构为开放型，实行动态管理，大多在换届选举时进行股权增减调整，但不允许继承。2006 年至 2010 年为加快推进阶段，在股权量化上，除按户籍是否在册设立基本股外，还根据成员贡献大小设立贡献股，贡献股主要根据成员身份存续时间长短计算"农龄"来折算，明确提出实行股权固化到户的静态管理，做到"生不增，死不减，迁入不增加，迁出不减少"，且允许成员内部继承。2011 年至今为转型升级阶段。2014 年，苏州专门出台《关于社区股份合作社股权固化改革的指导意见（试行）》，指导全市全面开展社区股份合作社股权固化工作，就是在将农村集体资产按一定标准以份额量化给该集体经济组织成员以后，对所量化到人的股权份额实行"固化到户、户内共享"的静态管理，做到以户为单位股权份额"生不增、死不减，迁入不增加，迁出不减少"，这在一定程度上解决了成员的继承权问题。截至 2014 年年底，全市共有 452 个社区股份合作社完成股权固化改革，占社区股份合作社总数的 35% 左右。目前，全市 1 311 家社区股份合作社股权固化改革完成率超过 95%，惠及 122 万户农户。（数据来源：江苏省人民政府网）

2. 试点推进"政经分开"。根据乡村治理法治化和现代化的新要求，苏州按照"公共服务和社会治理职能划归社区，三资管理和经济发展职能留在集体经济组织"的原则，试点探索"政经分开"，重点通过组织机构、管理职能、成员对象、议事决策和财务核算"五个分开"，厘清群众自治组织和农村集体经济组织的职责、功能与权责关系，逐步建立组织健全、职责清晰和互动协作的新型农村治理体系。2017年，苏州市纪委、市委农办把农村"政经分开"这项改革任务交给昆山先试先行。通过实施"政经分开"改革，各行政村（涉农社区）按照组织功能、选民资格、人员管理、议事决策、财务资产"五个分开"要求，将社会职能划归村民委员会，经济职能留在农村社区股份合作社，建立并完善了农村基层党组织领导的村民自治组织和集体经济组织运行机制。入社农民实行属地化管理，在社区居委会的管理体制下享受公共服务。集体经济组织行使集体资产的经营管理权，走专业化和市场化道路，确保集体资产保值增值，做大做强集体经济。年终，集体经济组织按净收益一定比例对入社股民分红，形成了"政府有税金，合作社有租金，村民有股金"的"三金"经济格局。昆山166个行政村全面完成"政经分开"，有力推动了集体经济组织转型发展。昆山农村"政经分开"改革获2017年度全省农业农村政策创新成果奖。至2017年年底，苏州累计有415个村试点完成"政经分开"，[①] 以高新区枫桥街道、吴中区长桥街道、昆山市花桥街道等为代表的"政经分开"改革实践已成为苏州城市化大潮中经典的富民案例，不仅提升了强村富民水平，而且推动了乡村治理现代化。

---

① 陈建荣. 探索农村集体经济的有效实现形式：农村集体产权制度改革的苏州经验[J]. 群众，2018（16）.

3. 大力创新发展方式。鼓励和引导完成产权制度改革的村级集体经济组织，打破行业和地域界限，更多地利用市场机制，整合资源、资产和资金，通过参股、联营、长期投资和异地投资等多种方式，扩大联合与合作，跨村甚至跨镇、跨市（区）组建联合发展平台，主动对接新型产业、高端产业和优质产业，创新发展载体，走联合发展、异地发展和转型发展道路。全方位参与到新型城镇化、城乡一体化和农业现代化进程，与产业转型升级、城市提档发展、"四化同步"演进等大趋势相合拍，实现由"量态扩张"向"质态提高"的阶层跃升。此项改革以吴中区尤为典型。2001年，吴中区木渎镇金星村就组建了江苏省第一个股份合作社——木渎镇金星村社区股份合作社，全村农民变股民，如今的木渎镇户均分红突破万元。2010年11月临湖镇湖桥村三大合作社共同出资5 600万元，成立了全省乃至全国首个农民集团——苏州湖桥集团，开创了农村合作经济走向市场、抱团发展、多元经营的新模式，树立了农村经济体制改革新的里程碑。2014年长桥街道7个社区共同出资，收购位于吴中经济开发区的友新实业集团200亩土地17万平方米厂房的工业区，成为吴中区探索发展壮大集体经济的又一有效模式。为了强化规范管理，吴中区于2013年就建立了全省首个区、镇、村三级联动的集体资产监管交易服务平台，规范集体资产资源租赁、发包等交易行为。从成立全省第一家股份合作社，到镇级联社再到组建集团公司，实施跨区域收购，这些改革，正是吴中区强化"抱团发展"战略所做出的尝试。可以说，以吴中区为代表的苏州各地在发展集体经济的道路上一路摸索，大胆尝试，进一步推动了村级增收，创造着一个又一个致富奇迹。截至2017年年底，苏州已组建镇级以上牵头的村集体联社（公司）等统筹发展平台90个，联合村级社区股份合作社740家，累计完成投资66.2亿元，建成经营性物业3 172万平方米。（数据来源：江苏省人民政府网）

经过近十多年的探索，苏州实践表明，推进农村集体产权制度改革，符合农村发展的实际情况，适应农村生产力发展的客观需要，促进了农村集体经济的发展和广大农民的共同富裕，近十年来，苏州城乡居民收入之比始终保持在2∶1以内。通过改革农村集体产权制度，农民获得了更多的财产权益，苏州也闯出了一条"家家有资本、人人有股权、村村有物业、年年有分配"的富民强村新路。一是维护了成员合法权益。把农村集体全部资产以股权份额的形式量化给每个集体经济组织成员，保证并落实了成员对集体资产的股份占有、收益和监督管理等多项权利，实现了集体资产由共同拥有到按份共有的转变。二是激发了集体经济活力。改革之初，一些镇、村干部一度担心，将集体资产量化分配，会削弱集体经济的发展。而改革后的事实证明，推行社区股份合作制改革以来，把集体资产按份额量化给成员，非但没有削弱集体经济实力，反而通过这项改革使成员直接参与管理，规范内部分配，保障合法利益，极大地调动了广大集体组织成员关心支持集体经济、参与发展集体经济及监督管理集体经济的积极性，确保了集体资产的保值增值，促进了村级集体经济的稳步发展。三是拓展了农民增收路径。农村集体产权制度改革的核心，是明晰产权、量化股权、按份分配，健全完善农村集体经济组织内部科学合理的收益分配制度，最大限度地保障成员合理分配，共同享有发展改革的成果。四是提高了民主参政意识。改革后的社区股份合作社都按照"民办、民管、民受益"原则，普遍建立了"三会"组织，健全了"三会"制度。而且随着分配水平的逐步提高，广大成员越来越关注合作社的发展,关注合作社财务使用,基层社务管理也越来越趋向透明、公开和规范。目前,在苏州的社区股份合作社内,凡是分配、投资等重大事项都必须由成员(代表)大会讨论决定,极大地提升了基层民众参政议政、民主管理的意识。

(二)现实水平和发展特点

至2018年年末,全市96个镇(涉农街道)、1 272个村(涉农社区)的镇村两级集体资产总量达1 970亿元,约占全省总量的三分之一。其中村级集体总资产812亿元,村级集体净资产为600亿元。净资产超亿元的村达115个,总量合计203.68亿元,占全市村级净资产总量的33.95%,306个村净资产超5 000万元。全市村均稳定性收入为850万元,稳定性收入超过1 000万元以上的村有227个,其中张家港永联、吴中区天平村年稳定性收入超亿元。(数据来源:江苏省人民政府网)集体经济依然是苏州经济社会的重要力量,在新时期也呈现积极向好与时俱进的新的发展特点。

一是发展主体渐进升级。跳出村级实现发展,基本告别村村点火处处冒烟的状态,从"单村独斗"到"村村联建",发展到目前以镇级统筹平台抱团联合发展为主,一些地方甚至出现了市(区)级统筹转化平台(如苏州工业园区的唯亭、娄葑等)。主体从早年的生产队(村民小组)、村委会全面转型向合作社甚至公司化发展。2016年,苏州被列为全省农民合作社规范化建设整体推进市,吴中区、常熟市被列入全省农民专业合作社综合社建设试点。至2018年年底,全市依法登记的各类农民合作社共有3 772家。其中,农民专业合作社1 311家,拥有成员14.2万人,经营行业以种植业、农机服务业、渔业等为主;社区股份合作社1 309家,已基本覆盖到苏州市全部村和涉农社区，拥有成员126.9万户，量化经营性资产总额467亿元；土地股份合作社552家，拥有成员109万个，入股土地面积104.46万亩；富民合作社237家，拥有入社成员6.13万，股金总额71.5亿元；劳务合作社363家，入社成员1.7万人，为成员提供岗位1.1万个。① 实现社区股份合作社全覆盖。2018年，全市农民专业合作社分红总额约33亿元。目前，苏州有90个镇级牵头村集体组建联社或公司等统筹发展平台，基本实现镇镇建平台、年年有项目。吴江区引导50个薄弱村组建惠村公司统筹各类帮扶资金和村级资金投向太湖新城优质项目，村均可增加年收入60万元。② 镇级平台已经成为村级集体经济发展的主力军，符合城乡统筹发展的时代要求。吴中区持续推进合作社规范化建设，不断提升农民专业合作社规范发展水平，累计创建9家国家级示范社、23家省级示范社和39家市级示范社，全区农民专业合作社年报率保持在95%以上。2018年起，吴中区将健全综合指导、监督管理、统筹保障、扶持激励四大机制，积极开展农民专业合作社质量提升整体推进工作，推动农业增效、农民增收、农村发展。③

二是经营业态逐步多元。逐步实现跳出农业发展，实现了由计划经济时代的工分农业，到20世纪80年代的乡镇企业，再到21世纪以来的物业出租的转型升级，全市现有经营性资产物业超过3 200万平方米，物业出租收入已达到村级经济稳定性收入的58%。特别是近年来，大力发展委托经营、股权投资、国资合作、产业融

---

① 陆晓华，谢萧寒. 苏州市有农民合作社3 772家 1 028家列入今年政府优先扶持名录［N］. 苏州日报，2019-04-06（2）.
② 顾巍钟，吴琼. 农村改革，江苏再出发［N］. 新华日报，2019-01-14（11）.
③ 范易. 吴中提振合作社发展能级，将健全四大机制［N］. 苏州日报，2018-10-16（3）.

合等多元复合经营,做到收购资产比新建物业快、一产有时不比二产差、社会事业能力比产业实业强,更有从物业经济回归农业综合体,一、二、三次产业融合发展项目。2018年,全市已建成的美丽乡村中,共开办农家乐839家,中高档民宿180家,投资总额超10亿元,实现年营业收入7.24亿元。① 村级集体经济逐步从"散乱污"转向"高大上"(高效益、大规模、上层次),体现了集体经济发展的质量效益。

三是运行方式愈加市场化。跳出农经实现发展,农村集体"三资"管理实现了由算盘核算到会计电算化再到"三资"管理部分业务网上运行,持续推进农村集体"三资"管理创新,加快构建以一个基础(清产核资)、五个全面(村级财务第三方代理制度、农村产权交易线上交易、村务公开e阳光、村级资金非现金结算、"政经分开"改革)、一个平台(全业务、大融合的农村"三资"监管信息平台)为主要内容的农村集体"三资"管理新模式,努力实现农村集体"三资"管理信息化、法治化、公开化、市场化,着力构建农村集体"三资"管理大数据的高效网和廉政网。据江苏省农村产权交易信息服务平台统计,截至2019年上半年,苏州市农村产权交易线上交易成交19 484笔,合同金额30.24亿元。2018年,苏州"三资"管理创新荣获首届"中国廉洁创新奖"。

综上,苏州从2001年率先启动社区股份合作制改革开始,到2011年起将集体经营性资产折股量化到人、固化到户,再到2016年全面完成农村社区股份合作制改革任务,全市股权证书全部发放

---

① 周澜源. 美丽乡村建设助力乡村振兴 4 000余市民北太湖畔健步走[N]. 苏州日报,2018-04-08(4).

到户，实现了权属全部"上证"、资产全盘"上图"、交易全程"上线"、监管全面"上网"，改革成效巨大。

三、苏州农村集体经济发展壮大的瓶颈制约

改革开放40年来，苏州农村集体经济实现持续创新发展，成为苏州城乡一体化的重要支撑，在乡村基础建设和农村公共服务方面发挥了重要作用。但是，在长期中高速增长之后，尤其是在当下国内外环境发生巨大变化的情况下，农村集体经济越来越呈现出动力缺乏、速度放缓、空间不足等问题，面临着动能转换、爬坡过坎、更高质量发展等重大任务。一个根本的阻碍因素就是，在改革和发展理念上重工业和城镇，轻农业和农村，城乡融合还不到位。主要表现是：

（一）运用城乡融合发展理念不够深入

思想是行动的先导。尽管苏州城乡一体化改革思想处于领先地位，但更多的是强调以城带乡、以工促农，城乡工农双向互动尚显不足，城乡融合理念贯彻渗透到全系统各领域不到位，内生式城乡融合项目仍然以零星自发为主，很多地方依然更多停留在要土地、建厂房、搞出租的工作上，很多农业经营主体对一、二、三次产业整合，立体开发种养结合新模式和农文旅融合新项目认识不深刻，其根源在于对绿水青山就是金山银山理念的理解不够透彻，螺旋式上升回归农业农村没有形成良好氛围。

（二）集体经济组织主体地位不很稳固

尽管苏州集体经济发展主体已经实现从村委会向合作社转变，但同一村级集体内部还普遍存在社区股份合作社、土地股份合作

社、劳务合作社等多个集体经济组织，组织构架重复交叉，村社不分、以村代社现象仍然不同程度存在。《民法总则》将农村集体经济组织列为特别法人，但目前统一登记赋码工作尚未展开，加之此项工作由工商部门转移至农经部门，从顶层设计上还有衔接问题。这些在一定程度上影响集体经济发展。

（三）集体经济发展空间有待拓展

长期以来，集体经济税收环境比较宽松。但是近年来，税收政策日益趋紧，特别是随着"营改增"、两税合并新政实施，村委会和集体经济组织普遍被纳入税收征管对象，税负日益加重，目前主要是集体经济组织房产物业出租综合税负在20%以上，直接影响集体经济增长率。同时，受建设用地指标限制和经济发展宏观环境影响，村级经营性物业建筑增量放缓，很多存量村级经营性物业被整治拆除，迫切需要寻找集体经济发展新的增长点。

（四）集体资产经营管理力量偏弱

农经机构是传统老牌部门，从20世纪乡镇企业产权制度改革后，农经队伍老化弱化现象比较普遍，乡镇基层尤为突出，机构编制缺失，干部专业能力相对不足。但是，集体资产经营管理有别于国有资产监督管理，既有上层法规政策的贯彻落实，又有基层农民群众自治，工作重心主要在镇村基层。大多由村干部转岗进入镇级统筹平台的人员难以适应新形势下集体经济新发展要求，村级集体经济组织经管人员也难以胜任新任务。按照中央要求推进农村集体产权制度改革，探索集体经济新的实现形式和运行机制，很有必要提高农经机构特别是乡镇农经机构人员的管理水平，建设专业化的集体资产经管队伍。

四、进一步深化苏州农村集体经济改革的建议

党的十九大报告要求"深化农村集体产权制度改革,保障农民财产权益,壮大集体经济"。壮大集体经济,走共同富裕道路,是习近平总书记在中央农村工作会议上提出的乡村振兴的七条道路之一。苏州工业化、信息化、城镇化、农业现代化水平较高,有理由有条件更好贯彻习近平新时代中国特色社会主义思想,率先从"先富"转向"共富",应全方位运用好城乡融合新理念,切实转变集体经济发展方式,探索创新走出体现标杆水平、具有苏州特色的集体经济高质量发展道路,让农民群众在集体经济发展中有更多幸福感、获得感。建议从以下几个方面下更大功夫:

(一)以农业农村现代化为统领发展壮大农村集体经济

要运用马克思主义辩证法和方法论,运用系统性思维并把握发展规律,重新审视和评估农业农村价值,确立起乡村大资源和大市场概念,把苏州发展的回旋地和增长极定位于乡村振兴,把"四化同步"落脚点摆到农业农村现代化上来,让集体经济从农业农村来、再到农业农村去,带着信息化、工业化、城市化的新理念,实现螺旋式高质量回归农业农村。苏州素有鱼米之乡、丝绸之府的美誉,是江南水乡代表,贯彻城乡融合理念就是要坚持农业是都市农业、乡村是城市后花园的定位,多元立体生态循环融合式开发农业农村,守护"四个百万亩"这条田园生命线、生态线,守护"小桥流水人家"这条家园风景线、文化线,传承并发展好苏式农业,传承并发展好城乡两种苏州园林,强中求富,美中见富,强富美一

体化,让集体经济在出生地、擅长处发扬光大,在绿水青山中发掘金山银山,率先在2022年基本实现农业农村现代化。

(二) 以市场化为导向发展壮大农村集体经济

以股份合作社为载体的集体经济组织,是一个特定时期、特定区域的过渡产物,股权只能在组织成员内部流转,没有完全开放化、市场化。随着产业升级,集体经济组织的发展方向问题(是否开放化、市场化、公司化)成为亟待解决的重要问题,仍需进一步探索实现集体资产增值的机制,谋求集体经济长远、高效发展,逐渐把集体经济组织做大做强。当前,苏州要坚定不移按照"确权、赋能、搞活"三步走的总体思路深化农村集体产权制度改革,明确集体经济组织市场主体地位,借鉴国有经济改革经验,建立符合中国特色社会主义市场经济要求的集体经济运行新机制。当然,这一体制绝不意味着完全市场化。因此,要处理好"市场"与"政府"的关系,更好发挥政府规划引导和市场利益导向的作用,积极推动城乡资源要素有序有利流动。这一过程中要处理好改革与坚守好法律政策"五条底线"的关系,即要坚持党的领导不动摇,坚持农民集体所有制不动摇,坚持农村土地承包关系长久不变,坚持农民集体财产权益保护不动摇,坚持尊重农民意愿不动摇。另外,苏州要在全面启动农村土地承包经营权确权登记颁证工作,土地确权数据全部通过农业农村部初检的基础上,建立村(社区)集体经营性资产集中经营管理制度,常态化做好镇村两级清产核资工作,深化升级"政经分开"改革,加快苏州农村集体资产管理立法,确立起镇村两级集体经济组织特别法人市场主体地位,加快集体经济平台化、实体化,有机实现集体经济、国有经济和私营经济协同发展。

积极探索构建城乡土地资源配置市场化机制，研究制订农村集体建设用地同地同价同权同等上市制度，特别是统筹利用闲置农房资源，把零星小型农用设施用地列入农用地管理范围，用资源激活资本下乡，以资本吸引人才进村，推动集体资本、国有资本和私营资本股份合作，形成乡村振兴命运共同体，实现集体经济与国民经济同步共振互利发展，力争到2022年如期实现村均年稳定性收入超过1 000万元。

(三) 以高质量管理助推农村集体经济发展

农村集体经济改革发展离不开各级党组织的坚强领导。高质量推进农村集体经济改革发展，还要坚持全面从严治党的要求，下一步要重点在组织建设、政策集成和信息化建设上下功夫，以高质量管理形成集体经济发展的良好政务环境。在组织建设上，参照国有资产监督管理体系简化版的要求，建立健全集体资产监督管理体系，特别是按照江苏乡村振兴指标体系，加强镇村两级农经队伍建设，培育和打造一批示范带动作用强、产业融合发展兴、科技引领效益高的新型经营主体，同步按照"政经分开"改革思路抓好村级党政经组织建设，实现在党领导下的各自工作责任清单化。在政策集成上，加强涉农资金的源头整合统筹，探索各类农业补贴实行"大专项+任务清单"管理方式，推广补改奖等方式，积极应对税负问题，重点支持市平均线以下后进村加速发展，实现集体经济哑铃式发展布局。在信息化建设上，坚持制度规范、民主公开、全程留痕，最大限度避免集体资产运行过程的不必要损失，建设完善四级联网的农村集体资产监管信息化平台，实现农经工作全业务、大融合、一平台，构建苏州智慧农村监管服务"一张网"。

第九章

苏州被撤并镇整治提升工作调查

早在我国"十五"期间,国家已经明确提出"实施城镇化战略,促进城乡共同进步"的发展要求,这是从根本上解决农民增收、农业增效和农村繁荣稳定的重要措施。改革开放以来,为推进城镇化发展和资源集约利用,苏州先后进行了3次较大规模的乡镇撤并,建制乡镇总数从1983年的181个减少至2012年55个(含5个城关镇),镇平均规模由41.9平方公里、2.8万人扩大到96.9平方公里、7.8万人。这对于调整城乡关系、促进资源整合、发展城乡经济等发挥了重要作用,部分小城镇因此获得了新的发展机遇,但也有部分被撤并城镇出现了诸如基础设施老化、经济功能萎缩、社会管理与公共服务弱化等发展不平衡不充分问题。如何贯彻新发展理念,在空间、经济、社会、文化、生态、政治等方面加强被撤并乡镇建设,是苏州进一步深化城乡一体化改革,促进区域协调发展,提高城乡融合发展质量的不可回避的重大现实问题,亟待系统化谋划推进解决。

 一、苏州乡镇撤并发展历程

苏州地区的小城镇大多是由长期以来自然形成的集镇转变而

来，数量多且密度较高。改革开放以来，为加快推进工业化和城镇化发展，自1983年撤销人民公社、恢复乡政府建制以来，苏州不断开展乡镇行政体制改革，推进实施区划调整工作，已实行三次大规模乡镇撤并。纵观这一历程，苏州乡镇撤并大体经历了两个阶段。

第一阶段，是20世纪80年代到90年代中期，随着乡镇企业异军突起，大量开发区设立，小城镇建制标准放宽，因此，此阶段的总体特征是以撤乡建镇为主、部分整合为辅，使乡镇企业趋于集中，形成了一大批经济强镇。

第二阶段是从20世纪90年代中期到2015年，以乡镇合并为主、撤镇改街为辅。这一阶段有两次大规模乡镇撤并。一是1995年到2002年，此阶段总体特征是乡镇资源整合，诸多小城镇形成特色产业集群，乡镇资源得到有效集中。此轮调整后，全市共有121个乡镇。二是2003年以后，此阶段总体特征是优化城镇体系，城乡一体化进程加速，城镇体系格局更加清晰，行政管理效率提高。此轮调整后，全市共有55个乡镇。

经过上述两个阶段多轮调整后，苏州市乡镇总数已由1983年的181个减少到2012年的55个，其中并镇114个（第一阶段22个、第二阶段92个，不包括一些并入城区街道范围的镇）。因此，当时实际被撤并镇数为67个，镇区面积近170平方公里。苏州是全省乃至全国乡镇合并力度较大的地区之一。

历史实践表明，撤并乡镇是苏州经济社会发展的必然选择。撤并乡镇后，一是大大加快了小城镇城市化进程，极大增强了中心镇在区域经济发展中的辐射带动功能。撤并乡镇优化了苏州市城乡空间布局，镇域规模变大，拓展了区域开发建设的空间体量和规模。

二是快速做大做强了镇级经济规模。撤并乡镇拓展了各中心镇的发展空间，小城镇发展的规模质量显著提升，乡镇实力显著增强，一批经济强镇走在全国前列，如昆山的玉山镇、张家港的杨舍镇和常熟的虞山镇，有力地促进了苏州工业化、城市化、城镇化和城乡一体化的加速推进。三是加快推进了产业集聚，撤并乡镇整合了资源，促进了资源的优化配置，撤并后的乡镇可用资源潜力巨大，一批具有竞争力的特色经济板块快速崛起，形成了产业集聚及结构互补的发展格局，彰显了各乡镇板块的产业特色。四是精简了机构，有力推进了基层政府行政改革和能力建设。

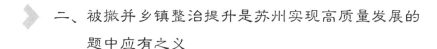

二、被撤并乡镇整治提升是苏州实现高质量发展的题中应有之义

（一）从城镇化发展规律看，被撤并乡镇整治提升是实现以人为核心的新型城镇化的必然要求

城镇化是我国经济社会发展的强大引擎，苏州城镇化自改革开放后进入加速发展轨道，先后经历了乡镇企业造镇阶段、开发区造城阶段、网络型城市群发展阶段，目前正在向以提升城市品质和功能为核心的内涵式城镇化转变。至2015年，苏州城镇化率近75%，超出全国平均水平56.1%近20个百分点。按照城镇化发展规律，苏州城镇化已经跨过了从快速推进期向稳定增长期转变的拐点，进入到以品质和功能为核心的内涵式发展新阶段，基本实现了产业结构、就业方式、人居环境、社会保障等一系列由"乡"到"城"的转变。同时，进入新时代，伴随着宏观经济发展进入新常态，苏州也步入经济增速换挡期、转型升级关键时期，以新发展理念为指

引,城乡发展一体化和新型城镇化都提出了发展新要求,政府必须站在更高起点上推进苏州城镇化建设,积极探索内涵式城镇化发展道路,着力在工业化、信息化、城镇化、农业农村现代化同步推进上下功夫,积极构建城乡一体化发展新格局,更好实现以人为核心的城镇化。对此,为提高新型城镇化质量,苏州市委、市政府提出,"十三五"时期,苏州要实施空间优化战略,推进"1450"空间形态,形成和谐相融的现代城乡形态。因此,所有镇村包括已撤并镇村,都共同存在着提质增效、提档升级、优化发展的迫切问题。

(二)从现实发展上看,被撤并乡镇整治提升是补足苏州城乡一体化发展和高水平全面建成小康社会的"短板"的必然要求

从现实看,被撤并镇存在的矛盾和问题,已成为苏州贯彻新发展理念,高水平推进城乡一体化发展和高水平全面建成小康社会的一块"短板"。对此,为弥补城乡协调发展的短板,促进区域协调发展,苏州市在持续推进建制镇美丽城镇建设以及美丽宜居村庄建设的基础上,创新性地提出了被撤并镇整治提升工作,针对"人的城镇化"补缺补短补软。2013年7月,苏州全面部署开展美丽镇村建设,围绕总书记对江苏发展提出的"强富美高"总要求,不仅积极谋求"碧水蓝天",还要在新一轮城乡建设中,更加注重延续城乡文脉、风土人情,让镇村有灵魂,呈现新时代江南乡村风貌。2016年,苏州从区域协调发展出发,以人为本,将被撤并镇提升纳入城乡一体化改革发展之中,全面启动部署被撤并镇整治提升工作,在补历史欠账的过程中,探索出一条独到的城乡均衡发展路径,提高了新型城镇化发展的质量。基于此,将被撤并镇整治提升

工作融入美丽镇村建设，不仅仅是村镇环境整治的升级版，更主要是城乡一体化的升级版和新型城镇化的提升版，是苏州高水平全面建成小康社会、建设"强富美高"新江苏的必然选择和自觉行动。

 三、被撤并乡镇发展中存在的突出问题

调查发现，苏州被撤并乡镇明显呈现分化现象，目前主要表现为三种状况：一是边缘化衰落型。部分被撤乡镇由于规模小、工业基础差，资源整合力弱，因此出现了衰落、被边缘化的趋势。如张家港市2003年8月，由原港区、南沙、后塍、德积4个镇及原晨阳镇的5个村合并而成的金港镇，面积135平方公里，人口35万，南沙镇并入金港镇后，建立了金港镇南沙办事处。金港镇的中心镇区建设得如火如荼，但原南沙镇区的发展陷入了停滞，和中心镇区的差距越拉越大，并入金港镇后一直处于"维持"状态，资金投入不足、基础设施（配套设施）老化、公共服务功能弱化、产业发展后劲不足、环境脏乱差，成为发展"洼地"。二是基本稳定型。部分乡镇由于具有独特的历史文化底蕴、特色产业以及旅游休闲等丰富资源，被撤并后依然能够集聚人气，公共服务基本满足需要，镇区依然保持稳定发展，如常熟的原沙家浜镇区。但这样的镇区相较于中心镇区，不可避免存在着镇区建设缓慢、产业导入不力问题。三是持续繁荣型。部分被撤并乡镇仍保持繁荣发展。如千灯镇的原石浦镇区、临湖镇的原浦庄镇区等，他们在被撤并时已经形成了较好的工业基础，工业规模和经济总量较大，人口集聚较多，尽管行政中心转移，但依然保持繁荣。但从总体上看，随着时间的推移，大部分被撤并的乡镇发展问题开始显现，由于行政定位与功能转移、社会发展预期降低以及相应政策支持减少等原因,被撤并乡镇出现不同程度的基础设施老化、经济功能萎缩、社会管理与公共服务弱化、人文资源流失等问题,镇区发展开始走下坡路,影响了苏州整体经济与社会的协调发展,迫切需要我们在城乡一体化进程中加以重视和解决,加快优化发展步伐。具体表现在:

(一)发展问题

乡镇撤并是政府主导下,伴随工业化、城镇化进程做出的适应性调整,发挥了较强的资源整合作用、要素集聚作用,为苏州发展做出了历史性贡献。但在客观上,乡镇撤并一般是按照"以强并弱"的原则进行的,大多数被撤并的乡镇由于体制的滞后、功能的弱化,普遍存在着经济萎缩、产业发展活力不足问题。特别是一些工业基础差的乡镇,一般在被撤并时尚未形成主导产业,随着行政中心的转移,便快速萧条,功能萎缩。

(二)文化问题

苏州的乡镇绝大多数具有非常悠久的发展历史,拥有独特的历史文化遗存,既包括物质和非物质文化遗存,也包括乡镇地名资源,但是部分历史文化小镇由于不合理的撤并,导致文化遗存的管理、保护与利用出现空白,许多有价值的小镇资源消失,出现了令人遗憾的乡土文化的断裂危机。在撤并村镇发展过程中,一些乡镇完全城市化,破坏了乡村生态环境的完整性,失去了乡土情感基础和乡镇内涵。

(三)管理问题

随着乡镇机构的撤并,被撤乡镇其行政等级相应降低(设置办事处或管理区),导致其实际的政治、经济、文化地位和社会预期价值出现大幅下降,相应政策支持减少,发展机会减少,部分产业和人口外迁,使得部分已经集聚的商业服务业出现了不合理的衰退。个别被撤并乡镇甚至被定位为居民点,社会经济发展停滞不前。乡镇撤并后,被撤并乡镇的政府机构和公共服务机构纷纷搬离,特别是一些与居民生产生活息息相关的教育、卫生、医疗等机构也被撤销或搬离,导致被撤并乡镇公共服务大为弱化,给居民生活增加了很多不便。(以较早撤并的吴江八坼镇为例,八坼镇在并入松陵镇后,改为八坼社区,行政权力削弱、资金投入减少,发展相对滞后,在群众办事、环境卫生、基础设施、电力设施等各个方面都与松陵区存在着不小差距。)

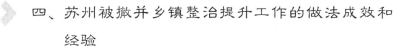

四、苏州被撤并乡镇整治提升工作的做法成效和经验

为提升被撤并镇人居环境质量,补齐城乡协调发展的短板,从2016年开始,苏州市委、市政府把被撤并镇作为乡村振兴"补短板"的重要内容,加大力度、加快推进、分步分批实施被撤并镇整治提升行动。从定位上看,苏州被撤并镇整治提升工作不是另起炉灶、推倒重来,而是对原有基础设施的补充优化、改造升级,特别是对集镇区公共服务、环境整治、传统文化等软实力方面进行内涵提升,确保被撤并镇焕发新的发展活力。为此,市委、市政府加强统领和顶层设计,强调坚持规划引领,坚持问题导向,推进公共服务标准化均等化建设,补齐民生短板;坚持因地制宜,打造特色产业;坚持改革创新,增强镇区的综合协调和管理能力。历经四年持

续推进，被撤并镇整治提升工作成效显著。

(一) 被撤并镇整治提升的推进过程和成效

2016年起，苏州首批两轮启动共33个被撤并镇整治提升工作，镇区面貌得到明显改善。2018年，按照乡村振兴三年行动计划明确的任务，苏州再次启动第三批34个被撤并镇整治提升工作，市美丽城镇建设办公室制定下发《苏州市被撤并镇整治提升工作标准》，全市被撤并镇整治提升有标准可依，到2020年，全市将基本完成67个被撤并镇整治提升工作。

整治提升工作实施以来，苏州各地追求以人为本，按照规划定位，逐步统筹设施建设，配套公共服务，创新社会管理机制，开展了诸如被撤并镇区镇容街貌整治、生活污水治理、河塘水系整洁、违章搭建拆除等工作，让被撤并镇成为宜居宜业的地方。如太仓市从2017年开始，从加强环境整治、完善基础设施、节约集约用地、提升公共服务、健全长效机制、彰显个性特色、探索创新实践七个方面，分两轮对13个被撤并镇开展整治提升工作。太仓尤其注重完善被撤并镇民生保障体系，四年来，老年日间照料中心、幼儿园、公交站等数量明显增加，截至2018年年底，已投入约16亿元。2019年又投入约4.1亿元，胜利完成最后一轮4个被撤并镇的整治提升工作。再如张家港市自2011年起就先行开展了被撤并镇的老镇区综合改造工作，他们提出了对公共服务设施补软、补短、补缺、补漏的目标。在落实过程中，必须做到"十个一工程"：一个小学、一个幼儿园、一个卫生服务中心、一个文体中心、一个菜市场、一个垃圾中转站、一个公交首末站（社会停车场）、一个养老院、一个绿地广场、一个居委会（每2 000户）。另外，苏州还坚持因地制宜、精准施策，适宜发展旅游的发展旅游、适宜发展工业的搞工业、适宜搞农业的搞农业，一批被撤并镇正在向特色小镇迈进。如吴江区并入桃源镇的铜罗，一方面注重结合江南苏式化风格，注重生态、文化元素的融合，塑造传统水乡特色，保持古镇风貌，一方面着力改善铜罗古镇居住和经营环境，将铜罗蝶变成以吴越文化为特色的江南水乡古镇，以森林、湿地为特色的生态旅游古镇，以纺织服装、智能装备、苏派黄酒为特色的绿色制造小镇。吴江区并入七都镇的庙港注重文化引领，依托太湖大学堂、江村文化园等载体，着力打造当代国学文化、社会学文化"圣地"。至 2018 年，全市 67 个被撤并镇累计完成投资 110.67 亿元，实施整治提升项目 1 415 个，平均每个镇整治投入金额 1.66 亿元，整治项目 21.1 个。截至 2019 年 8 月，67 个被撤并镇当年共计划实施项目 556 项，计划完成投资 43.05 亿元。[①]

通过整治提升，各撤并镇公共服务与基础设施不断完善，截至目前，共整治道路长度 318 公里，镇均 4.8 公里；新增污水管网长度 993.4 公里，镇均 15.1 公里；整治老旧小区 319 个，整治卫生院 33 万平方米和小学 115 万平方米。整治提升项目中，完善民生公共服务设施的投入最大，达 38.17 亿元，占总投入的 34.49%，配套基础设施的投入为 33.14 亿元，占总投入的 29.86%。被撤并镇区的服务与管理功能明显提升，与中心镇区的互补功能也得到加强，整治提升工作效果显著，取得阶段性成果，惠及了 67 个被撤并镇共计 147.3 万人，老百姓的满意度明显提升，被撤并镇整治提升工

---

① 王英，高岩，高戬. 苏州被撤并镇"整容""强身"四问 [N]. 苏州日报，2018-07-26 (3).

作成功获评"2018苏州十大民心工程"。

（二）被撤并镇整治提升工作的苏州经验

在被撤并镇整治提升工作中，苏州着力城乡均衡发展，在构建政策制度保障体系、规划引领统筹管理、激发基层主动性、挖潜被撤并镇发展动能等方面形成了一整套的经验与做法，探索出被撤并镇整治提升的苏州路径。

1. 加强顶层设计，科学构建政策制度保障体系确保推进有力。2016年6月，苏州市发布《苏州市美丽城镇建设实施纲要（2016—2020年）修订稿》，提出着力整治提升被撤并镇区，科学确定被撤并镇区的功能定位，理顺中心镇区和被撤并镇区、村（社区）关系，做好被撤并镇区资源整合与分类管理。同年8月，在吴江区召开现场推进会，强调把"被撤并镇整治提升"作为美丽城镇建设中补短板的一项重要内容，放在更加突出的位置。此后，苏州下发《全市被撤并镇整治提升工作实施方案》，为指导相关工作构建起政策与制度体系。各地也陆续明晰相关实施方案。为确保政策执行"不走样"，苏州强化组织领导，完善工作机制，建立了以目标为导向的考核机制，主管部门会根据考评结果分类下达奖补资金，同步开展半年度及年度不定期的实地督查和调研。完备的政策体系为整治提升工作提供了政策制度保障和坚强有力的组织保障。

2. 坚持规划引领，科学规划镇村形态、功能、空间布局，规范整治提升工作不跑偏。苏州前期通过人大、政协、职能部门、党校等多方深入开展面向全部被撤并镇的现状调查，以摸清被撤并镇存在的问题短板。在确保整治提升工作针对性与有效性的基础上，苏州把被撤并镇整治提升规划工作放在新型城镇化、城乡融合发展的大局下统筹考虑，契合了乡村振兴战略对新时代农业农村发展要求。苏州按照镇总体规划、土地利用规划以及"三优三保"专项规划等校核被撤并镇功能定位，编制区域控制性详细规划以指导各项建设，科学实施"1450"空间布局，科学规划市域镇村形态、功能、空间布局。2018年7月，苏州发布了《苏州市被撤并镇整治提升工作标准》，在规划设计引领方面，分别从控制性详细规划、整治提升工作计划、整治提升专项规划方面提出标准要求，确保相关工作科学、合理、有序地推进。在推进过程中，苏州还探索多规融合，体现了以城带乡理念，提升了规划整体的执行效率。如吴江区八坼，2012年到2018年已累计创建三星级康居乡村及苏州市、江苏省美丽乡村共16个，较好地实现了城乡融合发展。

3. 上下结合，双向联动，提高了整治提升工作的行政效能。苏州在加大资金保障的基础上优化管理机制，创新工作方法，赋予基层相应的事权与财权，激发了基层工作的主动性，形成建章立制自上而下、主动作为自下而上的双向联动局面，提高了整治提升工作的行政效能。具体地说，就是苏州市级层面主要负责顶层制度的建设与资金的保障，如设立专项以奖代补资金，2017—2019年对被撤并镇累计奖补1.05亿元；在具体事务上，由住建系统与相关镇政府推进，考虑到不同镇的实际情况，苏州赋予了基层较大的自主权，各地以项目为抓手，根据自己的"补短板"内容向上级申报。

4. 注重宜居宜业，在特色资源挖潜与产业做强中赋能区域协调发展。苏州在被撤并镇整治中，坚持因地制宜、分类指导，挖掘被撤并镇优势资源，整合利用闲置资源，提升被撤并镇发展的内生动力。一是依靠乡土文化特色发展乡村旅游经济。如张家港市凤凰镇港口办事处以"大凤凰、大景区"为依托，重点修复恬庄古街南部区域，巩固提升"河阳山歌节""艺术桃花节"的影响力，组织赏花季、采摘游、传统庙会、温泉美食、修禅祈福等旅游项目，发展主题旅游。二是强化产业辐射带动作用。太仓璜泾镇鹿河管理区，加快推进与工业园区、农业园区等功能区规划的融合衔接，目前拥有璜泾工业园和现代农业园，增强引领带动作用。

5. 坚决不打补丁，以高质量的整治提升品质，切实提升镇区居民的获得感、幸福感。被撤并镇的整治提升不是简单的修补，各撤并镇坚持人的城镇化理念，坚决贯彻新发展理念，在以民生导向进行整治提升的同时，在镇容、道路、老旧小区改造方面已融入海绵城市、雨污分流、垃圾分类等新理念、新技术，致力于使生态建设与人居建设同步发展，突出了提升宜居内涵，切实提升镇区居民的幸福感。太仓从镇容到管线改造力求做到"既有面子又有里子"，并推行户厕提档改造、生活垃圾分类等。吴江要求具备条件的市政工程、公园与绿地、城市水系等项目逐步完成"海绵"改造，整治提升中注重将雨污分流、"黑臭"水体治理、排水除涝、综合管廊、绿色建筑等相结合。

五、深化苏州被撤并乡镇整治提升工作的建议

自2016年以来，苏州被撤并镇整治提升已取得明显成效，但与中心镇区相比依然存在差距，后续工作仍面临着资金投入压力较大、镇区公共服务与管理有待加强、产业结构面临换挡升级、传统人文资源需加强保护等问题。立足高质量促进城乡融合发展，建议从如下方面深入推进被撤并乡镇整治提升工作。

（一）继续强化坚强领导，强化规划引领，保持整治提升政策定力

被撤并镇整治提升工作既是一场攻坚战，也是一场持久战。下

一步整治提升工作，苏州要继续坚持以人民为中心，以民生问题为导向，以发展为导向，保持政策定力，强化规划引领，综合考量被撤并镇人居环境、基础设施、公共服务等现状与人民对美好生活向往的需求间的差距，紧扣宜居宜业，将整治工作与美丽镇村、特色小镇、特色田园乡村建设等工作有机结合整体推进，在建设层面再发力，在发展层面再提升，在改革层面再深化，更加高质量赋能被撤并镇可持续发展。

（二）探索构建多元投资渠道，确保资金支持的可持续性

当前被撤并镇整治提升依然是以政府投入为主。由于后续建设资金需求依然较大，因此，苏州要在确保财政支持的基础上探索构建多元化投资渠道。一方面，市级财政继续设立"以奖代补"专项资金，根据各地工作情况和年度考核情况给予资金奖补；另一方面，结合乡村振兴战略，探索引入社会资本，着力构建政府主导、社会参与、市场化运作的运行机制，积极推广政府和社会资本合作等模式，支持和引导社会资本参与被撤并镇管理区的建设和运营。再者，盘活用足土地资源，着力提高存量土地利用效率，提高土地的节约集约利用，继续落实好建设用地增减挂钩政策和"三优三保"政策，新增建设用地适当倾向被撤并镇，并优先安排其产业发展，形成产业集聚，拓展被撤并镇发展空间，切实增强被撤并镇发展动能。

（三）健全乡村治理体系，持续推动镇域治理现代化

苏州撤并镇整治提升成效明显，但不同程度普遍存在管理缺乏长效机制问题，直接影响着整治提升效果的巩固延续。为此，苏州应着力探索创新镇区管理方式，创新被撤并镇的管理机构设置，理

顺与主镇区的关系,增强镇区综合协调和管理能力,探索设立管理区,设立社会事务管理服务中心,履行好相应管理与服务职能。同时,赋予基层相应的事权与财权,构建长效管护治理机制,强化社区网格化管理,健全乡村治理体系,推动服务管理力量下沉到社区,以镇村综合治理法治化、精细化、信息化、常态化、长效化为抓手,不断提升乡村治理效能。

(四)因地制宜挖掘自身优势,培养内生发展动力

被撤并镇的进一步发展迫切须注重提升其发展动力,增强自身造血功能。因此,苏州要因地制宜,按照"产业兴旺、生态宜居、乡风文明、治理有效、生活富裕"的乡村振兴总要求,一方面激活被撤并镇利用自身优势促进产业集聚、企业集群、经营集约,并注重产业结构的升级换挡;另一方面挖掘放大优势资源,突出地域文化特色,注重塑造特色亮点,利用拥有的独特历史遗存和乡土文化,增强其造血功能。

(五)借鉴学习国内外乡镇发展的成功经验

一些国外的特色小镇,如瑞士的达沃斯小镇、美国的格林威治对冲基金小镇、法国的普罗旺斯小镇,产业富有特色,文化独具韵味,生态充满魅力。在国内,浙江以梦想小镇、云栖小镇为代表的一批特色小镇,形态各异、特色鲜明,成为浙江省经济转型升级进程中的新亮点、新动能,被看作是农业供给侧结构性改革的有益探索,成为农业农村聚焦新兴产业,融合产业、文化、旅游、社区功能的创新创业发展平台。苏州也可利用自身的经济发展、山水资源、历史人文等独特优势,加快创建一批特色乡镇,以"都市农业发达、水乡特色鲜明、江南文化彰显、和谐治理有效、人民生活富

裕"为目标（来自《苏州市乡村振兴战略实施规划（2018—2022年)》对苏州实施乡村振兴战略做出的总体设计），在保障与改善民生、都市农业发展方向选择、新型农村社区治理创新、文化与生态共兴上走出一条具有苏州特点、体现标杆水平、城乡融合发展的新型城镇化高质量发展之路。

第十章

苏州率先高水平全面建成小康社会现实问题调查

"十三五"时期是全面建成小康社会的决胜阶段。习近平总书记2014年年底到江苏调研视察时说:"从目前条件看,江苏可以率先实现全面建成小康社会目标。"并特别强调"为全国发展探路是中央对江苏的一贯要求"。时任省委书记李强在省第十三次党代会上指出:"高水平全面建成小康社会是我们最应干、能够干、必须干好的事情,也是我们今后五年要打赢的主攻仗。"苏州市第十二次党代会明确提出"要建成一个贯彻新发展理念、走在'强富美高'前列、惠及全市广大人民群众、具有苏州特点代表苏州质量的小康社会"。时任省委书记李强则多次要求苏州在高水平全面建成小康社会中发挥示范引领作用,2017年9月18日,省委常委会专题研究苏州市工作,李强再次要求"苏州不仅要成为高水平全面建成小康社会的标杆,而且要成为探索具有时代特征、江苏特点的中国特色社会主义现代化道路的标杆,用率先探索来引领江苏的现代化建设实践"。如何完成中央和省市党代会所定目标,并为全国全省率先探路,这是当前摆在苏州面前的最大的政治、最大的实践,亟须我们从理论上对苏州高水平全面建成小康社会的目标内涵、基本进程、障碍因素、主攻方向和政策选择等重大问题给出理性回答,从而为苏州在高水平全面建成小康社会伟大实践中达成共识、统一意志、激发斗志、务实推进提供思想理论保证。

一、关于苏州率先高水平全面建成小康社会目标内涵的不断完善

客观看,我国关于小康社会思想的理论研究源远流长、浩瀚如海,研究苏州小康社会建设也是成果丰硕,但针对当下新的历史起点上的苏州如何率先高水平高质量全面建成小康社会的研究还是比较缺乏,首要的问题就是要科学回答当下什么是苏州高水平全面建成小康社会的目标内涵。

(一)党的十八大以来全国全面建成小康社会的目标内涵在不断完善

2012年,在十六大、十七大提出的"全面建设小康社会"目标要求基础上,党的十八大提出了"全面建成小康社会"的新要求,即经济持续健康发展,人民民主不断扩大,文化软实力显著增强,人民生活水平全面提高,资源节约型、环境友好型社会建设取得重大进展,对我国2020年全面建成小康社会做出了鲜明的目标指引。与此同时,党的十八大还做出了全面建成小康社会的新部署:从经济发展指标看,实现国内生产总值和城乡居民人均收入比2010年翻一番、进入创新型国家行列、国际竞争力明显增强;从民主法治指标看,民主制度更加完善、依法治国基本方略全面落实、人权得到切实尊重和保障;从文化建设指标看,公民文明素质和社会文明程度明显提高、文化产业成为国民经济支柱性产业;从人民生活指标看,基本公共服务均等化总体实现、收入分配差距缩小、

社会和谐稳定；从资源环境指标看，主体功能区布局基本形成、主要污染物排放总量显著减少、人居环境明显改善。① 为了量化建设小康社会的步伐，国家统计局据上述新要求新部署修订完善了2013版的《全面建成小康社会统计监测指标体系》（国家统计局自2003年开始研制全面建设小康社会统计监测指标体系），具体化为经济发展、民主法治、文化建设、人民生活、资源环境五大类39项指标。其后，随着我国进入新常态以及基于人民对美好生活的新期待，党的十八届三中、四中、五中、六中全会相继对全面建成小康社会提出了新的要求和任务，在此基础上，2016年12月国家统计局重新修订《全国全面建成小康社会统计监测指标体系》。

综上，党的十八大以来，我党推进和探索全面建成小康社会的新实践表明，随着经济社会不断发展和进步，随着形势任务的不断发展和变化，全面建成小康社会奋斗目标的具体内涵和要求也在不断发展与完善，目标值更高，实现标准更严，表明了我们党对建成一个什么样的全面小康社会、如何全面建成这样的小康社会的认识不断深化。

（二）当下江苏全面建成小康社会目标内涵在不断完善

江苏探索全面建成小康社会的认识和实践同样随着经济社会不断发展进步，随着形势任务的不断发展变化在不断深化，全面建成小康社会奋斗目标的具体内涵和要求也在不断调整与完善。2003年，江苏在全国率先提出全面小康指标体系，随着实践和认识的深化，指标体系及其目标值在不断调整完善。2013年，依据党的十八

---

① 张启良. 新起点上的全面建成小康社会进程监测 [J]. 调研世界, 2013 (4).

大新要求，在多年率先全面建设小康社会的基础上，江苏省委、省政府对原定全面建设小康目标体系再次进行修订，新增民主法治类指标，指标体系分为经济发展、人民生活、社会发展、民主法治和生态环境5个大类，共22项36个指标，具体为经济发展类指标6个、权重26分，人民生活类指标9个、权重22分，社会发展类指标9个、权重22分，民主法治类指标5个、权重12分，生态环境类指标7个、权重18分。另设1项评判指标，即人民群众对全面建成小康社会成果的满意度，作为综合评判的必达指标。同时，小康进程监测采用综合加权评分法来进行监测评价，通过对单项指标设置权重，计算综合得分。

从现实看，当下中国发展进入新时代，江苏发展也站在一个新的历史起点上，上述江苏2013年版的全面建成小康社会目标内涵必然要做新的调整和完善，高水平全面建成小康社会势在必行。主要因为：

其一，高水平全面建成小康社会是江苏的神圣使命担当。习近平总书记在2014年年底到江苏调研视察时提出建设"强富美高"的新江苏，并指出："从目前条件看，江苏可以率先实现全面建成小康社会目标。"并特别强调"为全国发展探路是中央对江苏的一贯要求"。因此，江苏相较于全国，有条件且应该调高全面建成小康社会的目标值。

其二，高水平全面建成小康社会是江苏践行习近平总书记新理念、新思想、新战略的实践要求。党的十八届三中、四中、五中、六中全会相继对全面建成小康社会提出了新的要求和任务。比如创新、协调、绿色、开放、共享的新发展理念等新要求必然折射到指标评判上。

其三，高水平全面建成小康社会是江苏经济社会发展的内在趋势和实现人民对美好生活向往的必然要求。2015年年初，习近平总书记首次提出"让人民群众有更多获得感"。"更多获得感"既包括物质、经济上的获得，也包括精神上的获得，是改革发展成果惠及全体人民所带来的获得，它应该涵盖政治、经济、文化、社会、生态等国家建设和治理的各方面，尤其是涵盖了受益、安全、幸福、参与等多种范畴，是全体人民分享改革成果的最生动写照。从现实看，高铁、移动支付、共享单车、北斗导航等创新驱动发展直接提升了人民的获得感。

其四，高水平全面建成小康社会是江苏发展的战略目标选择。省第十三次党代会提出"两聚一高"蓝图，目标指向鲜明，其中"一高"就是高水平全面建成小康社会。大会提出，高水平全面建成小康社会的内涵主要体现在六个方面，即"六个更"：经济发展更高质量、人民生活更加幸福、生态环境更加优美、文化发展更加繁荣、城乡区域更加协调、社会治理更加完善。显然，这一新要求反映在全面建成小康社会目标值上，必然具有三大特点：一是"高"，主要是指质量高、标准高。说明高水平全面建成小康社会突出的是注重发展的质量和水平，注重发展的全面性、协调性和可持续性，其核心要义是发展水平更高、群众获得感更强。二是"全"，主要是指涵盖面全，覆盖面全，特别是惠及全省人民，确保在小康路上一个不少、一户不落，绝不能让"平均数"代表"大多数"。三是"新"，主要是指主动适应新常态，以新发展理念引领新发展。①

---

① 省党代会精神学习问答2. 中共江苏省委新闻网，http://www.zgjssw.gov.cn/dangwu-wenda/201701/t20170104_3256580.shtml.

(三) 当下苏州全面建成小康社会目标内涵在不断完善

基于省第十三次党代会提出的高水平全面建成小康社会的新要求新内涵,基于苏州发展趋势和使命担当,苏州高水平全面建成小康社会必然要有新作为,其高水平全面建成小康社会目标内涵必然要做新的调整和完善。一句话,"两聚一高"视域中的苏州应率先高水平全面建成小康社会。市第十二次党代会指出:高水平全面建成小康社会,总的来说,就是要建成一个贯彻新发展理念、走在"强富美高"前列、惠及全市广大人民群众、具有苏州特点代表苏州质量的小康社会。无疑,有苏州特点、代表苏州质量的全面建成小康社会的苏州标准,更应该注重提高全面小康含金量,更应该注重激活全面小康源动力(尤其是创新对全面小康的支撑和引领作用需日益凸显),更应该注重提升全面小康满意度,更应该注重增强全面小康整体性。① 所以,苏州率先高水平全面建成小康社会在目标内涵完善上应突出强调率先引领性、高水平和全面性,在以下三方面应有所体现:

从时间上看,相较于苏州发展基础、苏州地位和担负的使命,苏州要实现的"高水平全面建成小康社会",首先是时间概念上的提前,即实现时间上的率先。不仅要在实现时间上率先,而且主要是质量和水平提升上也要率先。

从定量上看,继省第十三次党代会在经济发展、人民生活、生态环境等6个方面提出了更高要求,2013年省版5大类36项指标体系必然要做重大调整,民生、生态、共享等分量更重,更加注重发展的质量水平和发展的全面性、协调性、可持续性,如"经济更

---

① 刘兴远. 凸显江苏高水平全面小康社会的"新气质"[J]. 群众, 2017 (9).

高质量"应有体现"居民收入、企业利润、财政收入'三个口袋'更加充实"等要求的新指标,"人民生活更加幸福"应从"公共财政用于民生保障支出比重""食品药品检测合格率""单位GDP生产安全事故死亡率""平均预期寿命"等人民获得感强烈的要求中去体现,像这样体现发展质量的指标,苏州均应高于早于全省实现。

从定性上看,省第十三次党代会提出"六个更",市党代会提出"四个更加",即质量效益显著提升、创新动力更加强劲,居民收入持续增长、公共服务更加均衡,生态环保不断强化、人居环境更加优化,社会治理深入推进、道德风尚更加良好。尤其对人民生活、生态环境、文化发展、城乡区域发展、社会治理等目标内容都做了定性描述。显然,省市目标内涵的核心要义均体现在发展水平更高、群众获得感更强。高水平全面建成小康社会能否全面实现,既要看衡量经济社会发展的指数是否已经达标,更要看经济社会全面协调发展的结构进化有没有取得重大进展与突破。① 换句话说,不仅要有量的提高,更要有结构的优化、质的提升。无疑,苏州应在质量高、动力新、覆盖全、生态优、实现先上更具高标准、高质量、高水平,更具引领性、率先性,目标内涵应调整新增创新驱动类、社会治理类指标,应提高完善经济发展、人民生活、生态环境和文化发展类指标。比如:

——经济发展类应关注全社会劳动生产力增速、战略性新兴产业增加值占GDP比重、服务业增加值占GDP比重、现代农业发展水平、高新技术产品出口占出口总额比重等体现经济发展质量效益

---

① 江苏区域现代化研究院. 江苏:如何率先全面建成小康社会 [N]. 光明日报, 2016-03-03(16).

的指标；

——创新驱动类应关注研发经费支出占 GDP 比重、万人发明专利拥有量、每万劳动力中研发人员数、每万劳动力中高技能人才数、互联网普及率、高新技术产业产值占规上产值比重、科技进步贡献率等体现创新动力强劲的指标；

——人民生活类应关注居民人均可支配收入、农村低收入人口累计脱贫率、公共财政用于民生保障支出比重、现代教育发展水平、城乡基本养老保险覆盖率、城乡基本医疗保险覆盖率、失业保险覆盖率、失业率、食品药品检测合格率、城乡居民家庭人均住房面积达标率、公共交通服务水平、每千人拥有医生数、平均预期寿命、单位 GDP 生产安全事故死亡率、每千人拥有医生数、每千名老人拥有养老床位数等公共服务水平的指标；

——生态环境类除了关注能耗外，还应突出关注环境质量指标，尤其是空气质量达到二级标准的天数比例、地表水达到或好于Ⅲ类水体比例、生活垃圾无害化处理率、城市污水达标处理率、城市建成区"黑臭"水体消除率、村卫生厕所普及率等体现生态环保人居优化的指标；

——文化发展类应关注文化产业增加占 GDP 比重、人均公共文化财政收入、文化设施覆盖率、居民文化娱乐服务支出占家庭消费支出比重、注册志愿者人数占城镇人口比重等体现社会文明程度的指标；

——社会治理类也应调整丰富，比如增设公众安全感、每万人拥有律师数、每万人拥有社会组织数、党风廉政建设满意率、城乡和谐社区建设达标率、每万人口行政诉讼发案率等指标，在和谐社会、平安社会、信用社会、法治社会、健康社会、幸福社会、社治理现代化等方面发展程度更高的指标；

——满意度指标应调整为人民群众对率先高水平建成小康社会成果的满意度。

综上，苏州率先高水平全面建成小康社会，不仅要追求"率先"，而且要追求"高水平"和"全面性"。这些追求不仅要体现在各项指标的实现值上，而且要体现在与全国和省内全面小康社会建设对比上有引领性，更应体现在全市广大人民群众的获得感上，体现在覆盖领域、覆盖人口、覆盖区域的全面上。

二、关于苏州率先高水平全面建成小康社会的基本进程和主攻方向

及时、准确、全面反映小康建设的进展情况具有重要意义。

就江苏全省而言，根据江苏省统计局提供的数据，对江苏全面小康社会进程的测评结果表明：江苏将在"十三五"期间以省为单位如期实现全面小康社会目标。首先，根据国家统计局制定的39项指标组成的全面小康社会指标体系与标准的测算结果：江苏将于"十三五"的前半期以省为单位达到全面小康社会标准，全部单个指标值达到目标值的100%。其次，根据江苏省定的36项指标组成的全面小康社会指标体系与标准的测算结果：江苏将于"十三五"的后半期以省为单位达到全面小康社会标准，总分达90分并且全部单个指标值达到目标值。①

在这个大背景中，苏州数十年砥砺奋进在逐梦小康路上，不断

---

① 江苏区域现代化研究院. 江苏：如何率先全面建成小康社会［N］. 光明日报，2016-03-03 (16).

攻坚克难,加快建设"强富美高"新苏州,全面建成小康社会取得了重大进展。2018年省级监测结果显示,全市高水平全面建成小康社会综合实现程度达98.02%,成为全国城乡居民收入差距最小的地区之一,城乡居民恩格尔系数按国际标准进入最富裕层次。这一监测结果表明,苏州有条件在"十三五"末如期实现高水平全面建成小康社会目标。

依据上文我们对苏州率先高水平全面建成小康社会目标内涵不断完善的思考,苏州已处于高水平全面建成小康社会最后冲刺关键节点,高水平全面建成小康社会的"成色"还有不足,尤其在经济社会全面协调发展的结构优化上还必须奋力拼搏,攻坚克难。因为,判断一个地区是否全面建成小康社会,既要看衡量经济社会发展的指数是否已经达标,更要看经济社会全面协调发展的结构进化有没有取得重大进展与突破。既要实现时间上质量上的率先,又要在高标准高质量高水平上实现引领。[①] 而这恰是苏州率先高水平全面建成小康社会的薄弱环节所在,也是苏州率先高水平全面建成小康社会的主攻方向所在。

三、关于苏州率先高水平全面建成小康社会的薄弱环节和障碍因素

虽然苏州在最近一次全省全面小康监测中综合得分超过99分,部分指标已达标,但与周边城市比还存在着差距,仍有提升的空

---

① 江苏区域现代化研究院. 江苏:如何率先全面建成小康社会 [N]. 光明日报,2016-03-03 (16).

间，同时部分监测指标还存在着反复的可能，还需不断强化，增强薄弱环节和补齐短板。具体而言，相较于高标准高质量高水平率先全面建成小康社会，苏州无论经济、政治、文化，还是社会、生态、党建等领域，都有相应的短板，存在着不少不全面、不均衡、不协调的问题。主要是：

（一）自主创新能力不强的短板

产业企业创新能力有待进一步提升，突出表现在科技研发基础薄弱、科技供给不足以及产业发展层级偏低、创新产出质量不高。苏州高新技术企业不少，但产业结构处于中低端，产业竞争力不强，产业附加值不高，有国际影响力的创新型领军企业更是少之又少，规模偏小，尤其是独角兽型企业仅有苏州信达科技1家，向全球创新链、价值链上游攀升的产业创新体系尚未形成。而且制造业虽然体量巨大，但产业附加值和利税率较低，关键领域核心技术掌控能力不强。企业研发机构建设质量有待提高，典型表现在专利数量有了较大突破但高端专利即发明专利少，反映了苏州科技创新的新颖程度较低，研发活动处于较低层次，对比各地新三板上市企业数，可以发现苏州明显处于劣势，相较于其他先进城市创业、创新的潜力不足。

内在创新动力有待进一步增强，突出表现在创新投入强度不高和结构不尽合理。企业研发经费占销售收入的比例不高，特别是大中型企业的研发投入占销售额比例一直徘徊在1%左右，不到发达国家的四分之一，也低于省内的无锡、常州和南通。

高端创新要素有待进一步集聚，突出表现在高端平台、高端人才、金融资本等对经济转型升级的支撑作用不足。

创新体制机制有待进一步突破，突出表现在以科技创新为核心的全面创新生态体系还未真正形成，创新体系不够健全和创新环境有待优化。创新能力不强严重制约了高水平全面建成小康社会的率先实现。

（二）生态环境承载力不高的短板

苏州目前环境承载能力已经达到或接近上限，生态受损大、环境风险高，资源约束趋紧，人口老龄化压力加大。从指标体系上看，生态环境类的难点指标是环境质量，环境质量问题主要是解决好空气质量、地表水质量、土壤等的污染防治。

（三）社会治理能力跟不上经济社会发展需要的短板

基层治理已跟不上城市化工业化信息化发展，社会治理的公共服务的供给能力与居民需求的矛盾不断拉大，诸如交通拥堵、河流污染、发展不均衡、用地矛盾、教育医疗资源不足等问题居民反映强烈，基层治理能否顺畅高效直接影响了人民群众的获得感，因此，基层社会治理需要科学化、精细化、现代化。

（四）民生保障和改善不够的短板

党的十八大以来，随着经济步入新常态，苏州市委、市政府出台了一系列"惠民、利民、富民"的政策，惠民政策效果显著，全市居民收入呈现平稳较快增长，基本实现了居民收入名义增长与经济发展同步。但是我们还要看到，苏州仍有民生保障和改善不够的短板。比如2016年12月江苏省统计局官网发布，2015年江苏省民生幸福"六大体系"（终身教育、就业服务、社会保障、基本医疗卫生、住房保障和社会养老服务）建设满意度调查报告显示，江苏百姓对终身教育体系建设情况的总体满意度超过80%，13个市中超过全省平均水平的有6个市，分别是无锡、常州、南通、淮安、盐城和泰州，苏州落后于这6市。

从人民对美好生活期待和趋势来看，居民群众希望食要健康、穿要舒服、住要宽敞、行要便捷，对高质量的医疗保健与大病预防、文化休闲娱乐生活、教育投资与爱好培养等公共服务水平的要求不断提高，民生现状与实现"学有优教、劳有多得、病有良医、老有宜养、住有良居"的目标还存在一定差距。

从指标体系上看，人民生活类的难点指标是持续增加城乡居民收入问题，居民收入提高问题不但要解决平均数，更要解决好大多数，要提高所有城乡居民的收入。相较于浙江等地，苏州城乡居民收入中工资性收入占据大头，同时，收入增长进入"新常态"，收入增幅有所回落。探索多种富民路径，包括产业富民、创业富民、服务富民、保障富民、文化富民、生态富民、健康富民等，任重道远。

（五）干部队伍能力素养等政治保证不强的短板

能否有一支敢于担当、勇于攻坚克难、创新拼搏发展的干部队伍是苏州能否率先高水平全面建成小康社会的政治保障。

综上，苏州率先高水平全面建成小康社会，必须处理好长板和短板的关系，既要巩固提升现有优势，把长板进一步拉长，又要高度聚焦事关全局的重点、均衡发展的弱点、群众关注的难点等问题，拉高标杆，精准发力，补齐短板。

四、关于苏州率先高水平全面建成小康社会的主攻方向和政策建议

客观说,当前苏州率先高水平全面建成小康社会的基础更加厚实、条件更加成熟,站在新的历史起点上,苏州决胜高水平全面建成小康社会其时已至、其势已成。但要率先高水平全面建成小康社会,使之呈现出更有质量、更有活力、更加健康的苏州特质,以下方面仍需努力。

(一)及早在更高坐标系中调整完善目标内涵和定位

苏州现在站在较高平台和起点上,有条件有责任高于快于全省实现高水平全面建成小康社会的目标,当下特别要结合全面贯彻落实省委常委会专题研究苏州市工作的会议精神,勇当"两个标杆",建设"四个名城"。建议结合苏州发展实际,进一步发挥苏州发展优势,自加压力,自抬标杆,在省委、省政府修订《高水平全面建成小康社会指标体系》的基础上,修订完善苏州高水平全面建成小康社会指标体系。2020 年是高水平全面建成小康社会和"十三五"规划收官之年,是"强富美高"新江苏建设再出发的关键之年。既要为全面建成小康社会跑好"最后一公里",又要乘势而上开启全面建设社会主义现代化国家新征程,实现"两个一百年"奋斗目标有机衔接。

首先,在体系框架上,在同国家、江苏监测体系框架保持一致的前提下,建议由原有框架体系五大类调整新增到六大类,即由经济发展、人民生活、社会发展、民主法治、生态环境调整为经济发展、创新驱动、人民生活、生态环境、文化发展、社会治理,更加

契合省市党代会精神。

其次，在指标选取上，按照全面性、可操作性和可比性原则，建议调整、新增如战略性新兴产业增加值占 GDP 比重、企业总资产利润率、万人发明专利拥有量、科技进步贡献率、公共财政用于民生保障支出比重、食品药品检测合格率、每万人拥有律师数、人均公共文化财政支出、公共交通服务指数、注册志愿者人数占城镇人口比重、每万人拥有社会组织数、居民文化娱乐服务支出占家庭消费支出比重等体现发展品质的指标，更加切合人民群众对美好生活的期待。

最后，在权重和目标值的制定上，建议不再简单以 GDP 论英雄，更加注重以人为本、提高人民生活等方面指标的权重，降低部分经济指标的权重，比如提高失业率权重，人均地区生产总值和人均收入由统一目标值调为比 2010 年"翻一番"。

(二) 解放思想，转变理念，坚决贯彻新发展理念

实现高水平全面建成小康社会，必须奋力夯实发展根基，进一步解放和发展社会生产力，提升全要素生产率，继续做大总量、做强均量、做优质量，开辟苏州发展的新境界。实现这一点，就要解放思想，不为定势所困，不为成绩所累，不为视野所限，不为艰难所惧，坚决贯彻新发展理念，崇尚创新，致力富民，厚植开放，激励担当。

(三) 突出主攻方向，坚定推进"聚力创新、聚焦富民"

集中力量、集中资源、集中政策，要在创新和富民这两方面求得大突破。

1. 强化创新驱动。以回答好"创新四问"为牵引，紧盯京沪

粤浙，把发展作为第一要务，把创新作为第一动力，把科技作为第一生产力，把人才作为第一资源，优化创新环境，制定创新政策，打造创新平台，汇聚创新人才，联动实施质量强市、品牌强市战略。要强化创新在发展全局中的核心地位，创新生产要素配置，把发展动能转换更牢固地锁定在创新上，加快形成以创新为主要引领和支撑的经济体系和发展模式，优化经济结构和经济形态，让创新创业的活力不断迸发、源泉不断涌流，激发出全面建成小康社会的强大动力。

2. 抓实富民导向。坚持以人民为中心的发展思想，聚焦富民，推动人民群众获得感再提升。习总书记在党的十九大报告中用"八个更"（更好的教育、更稳定的工作、更满意的收入、更可靠的社会保障、更高水平的医疗卫生服务、更舒适的居住条件、更优美的环境、更丰富的精神文化生活）概括了人民群众对美好生活的新期盼。苏州要牢牢把握发展的阶段性特征，牢牢把握人民对美好生活的向往，在落实"八个更"中突出富民，尤其是重视在三次分配中实现富民：持续推动产业分工演进，不断完善"一次分配"结构，走出各具特色的产业富民路子；推进基本公共服务标准化，发挥国有企业实力较强、农村集体经济基础雄厚的传统优势，积极推动农村集体经济发展壮大，扩大社会保障与就业支出占一般公共预算支出比重，稳步提高"二次分配"力度；发展公益组织和慈善事业，通过大力发展公益组织、民间慈善和捐赠事业，利用道德力量在居民间进行的分配活动，积极形成"三次分配"格局，使之成为苏州市社会保障体系的有力补充，为促进社会公平正义、维护社会和谐稳定做出积极贡献。①

（三）着力补齐短板，增强全面小康的协调性

首先，深化供给侧结构性改革补短板，动员和凝聚社会力量补短板，提高政府服务能力补短板，以新版指标体系为指引，既要盯住实现度低的弱势指标提档升级，又要跟踪失业率、基本社会保障覆盖率、党风廉政建设满意度、法治和平安建设水平、环境质量等易波动指标下功夫，使其随着人民群众期望值的提升而稳步提高。

其次，重点补齐关键核心技术匮乏、产业层次处在产业链价值链中低端、供给结构与需求结构不相适应、全要素生产率不高、基础设施"高端供给"不足、资源环境约束强化等发展短板，补齐居民收入与经济发展水平不够相称、基本公共服务有效供给不平衡（尤其是教育公平和均衡化、被撤并乡镇公共服务）、贫困和弱势群体的脱贫问题等民生短板。这些都需要苏州以更高站位、更宽视野推进共建共享发展，促进城乡居民收入、社会保障能力、公共服务水平和生态环境质量明显提升，全方位构建均衡协调发展新格局，并从中拓展发展空间、积蓄发展后劲，扎扎实实提升苏州高水平全面建成小康社会质量。

最后，创新发展路径，尤其是突出制度供给。加快重要领域改革发展，尤其是深化土地和自然资源、资本、技术、劳动力、财政税收、国有企业等供给要素的改革，使苏州有限资源实现高效配置，促高端要素向苏州集聚，促进经济发展不断优化，为高水平全面建成小康社会提供坚强经济支撑。

---

① 周绍东. 在三次分配中把握富民导向 [J]. 群众，2017（10）.

(四)铸造干事创业干部队伍,坚强政治保证

正如时任省委书记李强所言,作为江苏的标杆,苏州的发展已经站在一个较高的平台上,在新的发展阶段必须要有更加宽广的视野,在更高的坐标系中提升标杆。尤其在新技术革命背景下的大变革大变局时代,在前有标兵、后有追兵情况下,苏州要大力推进新一轮思想解放,要在与国内外先进城市的比较中充分认识自身的优势和不足,各级党员干部要始终保持一股子冲劲和拼劲,始终保持负重奋进、敢为人先的干事创业精神状态,大力弘扬新时期"三大法宝精神",把发展的责任牢牢扛在肩上,真正做到敢想不畏难、敢闯不退缩、敢干不懈怠,以决战决胜的勇气打赢高水平全面建成小康社会攻坚战,交出率先高水平全面建成小康社会的漂亮答卷。

第十一章

苏州全面建成小康社会的成就、经验以及对高质量发展的启示

2020年全面建成小康社会,是我们党对人民、对历史做出的承诺,是实现中华民族伟大复兴中国梦的重要基础、关键一步。作为邓小平小康社会思想的重要发源地之一和中国小康社会建设的"试验田"的苏州,不仅要率先建成,而且要高水平建成。苏州市第十二次党代会明确提出"要建成一个贯彻新发展理念、走在'强富美高'前列、惠及全市广大人民群众、具有苏州特点代表苏州质量的小康社会"。2017年9月18日,省委常委会专题研究苏州市工作并要求"苏州不仅要成为高水平全面建成小康社会的标杆,而且要成为探索具有时代特征、江苏特点的中国特色社会主义现代化道路的标杆,用率先探索来引领江苏的现代化建设实践"。党的十八大以来,苏州人民在党中央和省委、市委的坚强领导下,坚持以习近平新时代中国特色社会主义思想为指导,坚定贯彻新发展理念,瞄准短板发力,在更高坐标系中调整完善目标内涵和定位,聚焦创新和富民主攻方向,在经济社会全面协调发展的结构优化上奋力拼搏,使之呈现出更有质量、更有活力、更加健康的苏州特质,率先交出高水平全面建成小康社会的漂亮答卷,走出了富有区域特色的高水

平全面小康建设之路。务实总结苏州全面建成小康社会进程、成就、经验以及对高质量发展的启示，对继续推进苏州高质量发展和率先开启全面建设社会主义现代化新征程、实现第二个百年奋斗目标具有重要的启迪意义。

一、全面建成小康社会的时代内涵及其历史演进

"小康"最早见于《诗经·大雅·民劳》，反映的是民众对过安逸富裕生活的愿望。在当代，我们将小康社会作为中国经济社会发展的中长期目标，随着中国特色社会主义建设事业的不断推进，小康目标的内涵也不断得到丰富和发展。

（一）从认识上看

从党的十一届三中全会到党的十九大，从"三步走"战略到新时代中国发展的新战略安排，从"三位一体"到"五位一体"再到"四个全面"以及新发展理念，小康社会的时代内涵持续完善、不断丰富，不仅切合了我国发展的阶段性特征，而且更顺应了人民期待，体现了中国特色社会主义全面发展的内在要求。1979年，邓小平首次使用"小康"来描述中国式的现代化，并以贫困、温饱、小康和富裕来表明和衡量中国现代化发展进程的各个阶段。1982年，党的十二大在党的正式文献中首次使用"小康"概念。1983年，邓小平视察苏州，提出建设"小康社会"宏大构想。1987年，党的十三大正式将实现小康列为"三步走"发展战略的第二步目标。2000年，党的十五届五中全会提出，从新世纪开始，我国将进入全面建设小康社会阶段。2002年，党的十六大明确了"全面建

设小康社会"的丰富内涵,即"全面建设惠及十几亿人口的更高水平的小康社会,使经济更加发展、民主更加健全、科教更加进步、文化更加繁荣、社会更加和谐、人民生活更加殷实"的要求。2007年,党的十七大进一步提出了全面建设小康社会的新要求,即"增强发展协调性,努力实现经济又好又快发展;扩大社会主义民主,更好保障人民权益和社会公平正义;加强文化建设,明显提高全民族文明素质;加快发展社会事业,全面改善人民生活;建设生态文明,基本形成节约资源能源和保护生态环境的产业结构、增长方式、消费模式"。2012年,党的十八大明确提出"确保到2020年全面建成小康社会"的宏伟目标,并从五个方面指出全面建成小康社会的内涵和目标要求,即经济持续健康发展、人民民主不断扩大、文化软实力显著增强、人民生活水平全面提高、资源节约型环境友好型社会建设取得重大进展。党的十八届五中全会通过的《中华人民共和国国民经济和社会发展第十三个五年规划纲要》从七个方面对全面建成小康社会的目标要求做进一步阐述。2017年,党的十九大提出决胜全面建成小康社会,开启全面建设社会主义现代化国家新征程,习总书记指出,从现在到2020年,是全面建成小康社会决胜期。要按照十六大、十七大、十八大提出的全面建成小康社会各项要求,紧扣我国社会主要矛盾变化,统筹推进经济建设、政治建设、文化建设、社会建设、生态文明建设,坚定实施科教兴国战略、人才强国战略、创新驱动发展战略、乡村振兴战略、区域协调发展战略、可持续发展战略、军民融合发展战略,突出抓重点、补短板、强弱项,特别是要坚决打好防范化解重大风险、精准脱贫、污染防治的攻坚战,使全面建成小康社会得到人民认可、经得起历史检验。

（二）从实践上看

相应地，与不同经济社会发展阶段相适应，依据党中央的目标指引，测度全面小康社会建设进程的评价指标体系也在不断完善，由单一的经济发展指标逐步演变为经济、社会、政治、文化、生态等多方面指标的综合评价，评价愈加科学完善。

（三）从国家层面看

先后有五个版本：1991年，国家统计局参照"八五"规划纲要中有关小康社会内涵的界定确定了包含经济生活、物质水平、人口素质、精神生活和生活环境等五大部分16项二级指标的小康社会指标体系。以此为基础，1995年，国家统计局制定了《全国人民小康生活水平的基本标准》《全国城镇小康生活水平的基本标准》《全国农村小康生活水平的基本标准》的小康社会评价标准。2005年国家统计局牵头建立了包括经济发展、社会和谐、生活质量、民主法治、科教文卫和资源环境等六大子系统共计25个监测指标的评价体系。2008年国家统计局重新修订完善，出台了由经济发展、社会和谐、生活质量、民主法制、文化教育、资源环境等六个方面23项二级指标构成的评价体系。2013年国家统计局推出了符合新时代发展要求的包括经济发展、民主法制、文化建设、人民生活、资源环境等五大子系统39项二级指标的评价体系。①

（四）从江苏层面看

在中央号召下，江苏、浙江、重庆等地纷纷探索建立符合当地

---

① 黄瑞玲，余飞，梅琼．苏、浙、粤全面小康社会实现程度的比较与评价：基于江苏高水平全面建成小康社会指标体系的测算［J］．江苏社会科学，2018（5）．

经济社会发展实际的监测体系。江苏是全国最早进行省域全面小康社会指标体系建设探索的区域之一。2003年，中共江苏省委十届五次全会通过了由四大类18项指标组成的《江苏省全面建设小康社会指标》，对全省及各市发展进程进行测评。2013年，分别新增、强化和替换了部分指标后，将指标体系扩展为经济发展、人民生活、社会发展、民主法治和生态环境等五大部分36项指标，形成了更为科学、全面的江苏全面建成小康社会指标体系。其后，省第十三次党代会提出了高水平全面建成小康社会的评价指标体系，对"两聚一高"战略的进度进行监测。该套体系将"创新驱动""文化发展"摆在突出位置，由经济发展、创新驱动、人民生活、生态环境、文化发展和社会治理六部分45项评价指标构成，标准更高、更严，体现了更高水平、更加全面、发展比较均衡的高水平小康社会的内在要求，其核心要义是发展水平更高，群众获得感更强。[1]

江苏省委十三届三次全会将中央要求的高质量发展，结合江苏省情实际，细化落实为"经济发展、改革开放、城乡建设、文化建设、生态环境、人民生活"六个高质量发展任务。2018年，相关部门正式出台实施《江苏高质量发展监测评价指标体系与实施办法》《设区市高质量发展年度考核指标与实施办法》，构建了江苏高质量发展指标体系。其中监测评价指标全省和设区市由六大类40项指标构成，各县、县级市和成建制转成的区由六大类35项指标组成，城区由六大类25项指标组成；考核指标由18个共性指标和每个市6个个性指标两部分组成，另设了加减分项，[2] 有力推动了

---

[1] 参见江苏省统计局的内部文件《江苏省高水平全面建设小康社会指标体系》。
[2] 江苏高质量发展监测评价考核办法正式出台实施. 江苏省统计局官网，http://tj.jiangsu.gov.cn/art/2018/6/12/art_4576_7677619.html.

全省高质量发展走在全国前列,推动和强化了江苏发展的探索性、创新性、引领性。

无论是江苏省高水平全面建设小康社会指标体系,还是江苏高质量发展监测评价指标体系,都体现了江苏坚决贯彻新发展理念和党中央的要求,具有以下特点:一是"高",主要是指质量高、标准高,说明高水平全面建成小康社会突出的是注重发展的质量和水平,注重发展的全面性、协调性和可持续性,其核心要义是发展水平更高、群众获得感更强。二是"全",主要是指涵盖面全,覆盖面全,特别是惠及全省人民,确保在小康路上一个不少、一户不落,绝不能让"平均数"代表"大多数"。三是"新",主要是指主动适应新常态,以新发展理念引领新发展,突出创新。①

二、苏州高水平全面建成小康社会的创新实践

(一)苏州全面建成小康社会的非凡历程

从验证小康社会思想,到实践高水平全面建成小康社会,苏州走出了一条特色鲜明、领跑小康社会实践的小康之路,成为小康社会建设的试验田和小康社会实践的成功典范。

1. 从1978年改革开放到20世纪90年代初,率先实现总体小康。20世纪80年代初,邓小平提出,到20世纪末,国民生产总值比1980年翻两番,人均国内生产总值达800美元,人民生活达到小康水平。1983年邓小平视察苏州,建设"小康社会"的宏大构

---

① 省党代会精神学习问答2. 中共江苏省委新闻网, http://www.zgjssw.gov.cn/dangwu-wenda/201701/t20170104_3256580.shtml.

想得到验证。此后的苏州抓住了农村改革、乡镇企业发展的重大机遇，下辖的6个县成为全国乡镇工业发展最迅速、最有成效的地区，地区生产总值从1978年的31.95亿元，到1982年104.88亿元，到1990年的202.14亿元，苏州提前12年于1988年完成了"翻两番"的任务。到2000年，苏州地区生产总值已达1 540.68亿元，城镇居民人均纯收入9 274元，农村居民人均纯收入5 462元，人民生活水平率先于全国实现了由温饱向小康的转变，率先实现了总体小康。

2. 从20世纪90代初到2005年，率先进入全面小康社会。20世纪90年代，苏州抓住浦东开发、开放等重大机遇，进一步推动了苏州经济社会发展实现了新跨越。地区生产总值从20世纪90年代初的300多亿元，不断攀升，到1996年，苏州以1 002.14亿元的总量，首次跻身全国城市千亿元GDP俱乐部。到2002年，苏州只用7年时间，就完成了GDP总量由1 000亿元到2 000亿元的跨越。党的十六大以来，苏州在江苏省委、省政府的领导下，勇于担当，按照"两个率先"目标，率先实践全面小康社会建设，至2005年，GDP总量达4 173.48亿元，城镇居民人均纯收入16 276元，农村居民人均纯收入8 393元，根据省统计局对4大类18项25条指标的测评，苏州率先达到省定全面小康指标，昆山市、张家港市、常熟市、吴江市、太仓市成为全省首批全面小康达标的县级市，苏州总体上实现了一个不含水分、人民群众得实惠、老百姓认可的全面小康，成为江苏全面小康建设的先行军。

3. 从2005年到2016年省第十三次党代会，全面建成小康社会。2005年，苏州完成了省定全面建设小康社会的指标任务后，着力全面建设小康社会的巩固与提高，按照党的十七大对全面建设小康社会的新要求,跨入了进一步提高小康水平、逐步向基本实现现代化迈进的新阶段,着力率先发展、科学发展、和谐发展,全面提升苏州小康建设水平。党的十八大首次提出全面建成小康社会,苏州进一步扬长避短,统筹推进"五位一体"总体布局、协调推进"四个全面"战略布局,牢记总书记努力建设好经济强、百姓富、环境美、社会文明程度高的新江苏的嘱托,全面建成小康社会取得了新突破。2016年GDP总量由2005年的4 173.48亿元增长到15 748.58亿元,城镇居民人均可支配收入54 341元,农村居民人均可支配收入达27 691元,(数据来源:《苏州统计年鉴2019》)经济社会发展更加协调,更加全面。

4. 从2016年省第十三次党代会至今,决胜高水平全面小康。省第十三次党代会以来,苏州深入贯彻落实习近平新时代中国特色社会主义思想和总书记视察江苏时的重要讲话精神,主动适应经济发展新常态,自觉践行新发展理念,紧扣聚力创新、聚焦富民、高水平全面建成小康社会,统筹做好稳定增长、创新驱动、改革开放、城乡建设、生态优化、民生改善等工作,克难奋进、开拓创新,推动经济社会发展取得了一系列重大成就。至2018年,苏州实现地区生产总值18 597.47亿元,按常住人口计算,人均地区生产总值263 062元,城镇居民人均可支配收入63 481元,农村居民人均可支配收入达32 420元。(数据来源:《苏州统计年鉴2019》)

(二) 苏州高水平全面建成小康社会的创新实践

党的十八大以来,苏州全面建成小康社会进入高质量发展阶段,高水平全面建成小康社会,成为苏州全市上下的强大共识和坚定行动。苏州紧扣经济发展、改革开放、城乡建设、文化建设、生态环境、人民生活"六个高质量"发展,将"高质量发展"与"高水平小康"有机统一在一系列经济社会发展的创新系统中。主要体现在:

1. 聚焦更高质量的经济发展,决胜"经济强"的高水平全面小康。在经济发展高质量上,苏州加快创新驱动发展,打造决胜高水平全面小康的新引擎,全力推进以科技创新为核心的全面创新,推进"四化"同步;加快现代化经济体系建设,着力建设自主可控的现代产业体系,使产业结构向着高端化、绿色化、信息化方面发展,厚植决胜高水平全面小康的战略优势;纵深推进各项改革,激发决胜高水平全面小康的内生动力,推动更高水平开放,集聚决胜高水平全面小康的新动能,全面对接和服务长三角区域一体化、"长江大保护"等国家战略,充分放大决胜高水平全面小康的整体效应。

2. 聚焦更加美好的人民生活,决胜"百姓富"的高水平全面小康。在提升人民生活质量上,坚持以人民为中心,聚焦生活品质,提升民生福祉。当下苏州正处于美国经济学家罗斯托对人类经济社会的历史发展水平"六阶段"划分的第五阶段"高额群众消费阶段"向第六阶段"追求生活质量阶段"迈进的过程中,聚力把公共服务、消费升级等作为发展的重大课题。苏州拓展"百姓富"的时代内涵,实施富民优先战略,做实"三个口袋"和"三个民生",提优补短不断增进民生福祉,建设一个政策体系更完善、资源配置更精准、服务扩容更主动、服务系统更智能的民生发展体系。把教育医疗放到各项民生工作的首位,全面推进教育现代化,完善全市城乡中小学和幼儿园布局规划,促进优质教育资源均衡配置,推进教育向公平和高质量发展。深化公立医院改革,加快建立现代医院管理制度,完善基础医疗卫生机构运行机制,建设健康城乡，为城乡居民提供全方位、全周期健康服务。在幼有所育、学有所教、劳有所得、病有所医、老有所养、住有所居、弱有所扶上，走在全国前列。自觉对照高水平全面建成小康社会的目标，以开展集体经济薄弱村转化、对低收入等困难群体实施精准帮扶为重点，走苏州特色精准扶贫之路，有力提升了群众的获得感和幸福感。目前，第一轮确定的薄弱村全部实现了年稳定性收入超过200万元的既定目标，2018年苏州市出台了《关于进一步加强集体经济相对薄弱村帮扶工作的实施方案》，提出新确定100个市级集体经济相对薄弱村将力争到2020年年底完成村级集体年稳定性收入达到250万元、人均年稳定性收入1 000元的目标任务。提高城镇居民基本社会保障水平，提高企业退休人员养老金、城乡居民基础养老金。完善社会救助体系，降低救助门槛，统筹推进助残济困等工作。基本公共服务的主要领域和基本项目，均高于国家水平，总体上苏州民生体系建设处于领先地位，谱写了人民生活高质量的苏州篇章。

3. 聚焦更加优美的生态环境，决胜环境美的高水平全面小康。在生态环境和城乡建设高质量上，深化生态文明体制改革，建设宜居宜业宜游的"人间天堂"；坚持绿色发展，建设国际能源变革发展典范城市；加快特色田园乡村建设，争创全国首个国家生态园林城市；全面推行"河长制""湖长制""两长制"，做好长江大保护，重塑水乡生态系统；营造优美的城乡环境，促进生态产业化，健全以优质稻麦产业、生态水产业、规模畜禽产业、休闲观光农业、电子商务为依托的现代农业产业体系。加强大气、水体污染专项整治行动，规范生活垃圾分类处理。

4. 聚焦更加进步的社会风貌，决胜社会文明程度高的高水平全面小康。在文化建设和社会治理高质量上，深化精神文明建设。建设"新时代文明实践中心（所、站）"，从丰富群众文化生活入手开展文明实践教育活动，以提升群众精神风貌，激发群众干事创业的精神动力，力争率先建成"全国文明城市群"，建设走在全国前列的现代公共文化服务体系示范区，构建共建共治共享治理模式，提高社会治理社会化、法治化、智能化、专业化"四化"水平。

5. 聚焦全面从严治党，筑牢决胜高水平全面小康的坚强保证。在党的建设高质量上，坚持问题导向，推进全面从严治党向基层延伸，落实鼓励激励、容错纠错、能上能下"三项机制"，激发党员干部担当作为，弘扬苏州"三大法宝"为高质量发展、高水平决胜全面小康注入强劲精神力量，营造良好政治生态，以高质量党建引领苏州高质量发展。

苏州"六个高质量"推进决胜高水平小康的伟大实践，既用数据说话，也让结构说话，让人民群众的感觉说话，为苏州高水平全面建成小康社会奠定了坚实基础，同时也充分揭示了苏州高水平全面小康就是高质量和高水平的全面小康社会的有机统一。可以说，苏州高水平全面建成小康社会伟大实践的时代内涵和发展实质就是着力苏州经济社会高质量发展，建设"强富美高"新苏州。苏州高水平全面建成小康社会，将为高起点开启基本实现现代化提供坚实基础。

  三、苏州高水平全面建成小康社会的伟大成就

决胜高水平小康社会，苏州率先交出了优异答卷。

（一）从省定指标体系实现程度来看

按照省定的36项指标体系与标准去测算，根据省统计局、省

委研究室发布的《2016 年江苏全面建成小康社会进程监测统计报告》显示，早在 2015 年，苏州全面小康监测综合得分就已超过 99 分，纳入全面小康监测的 36 个监测指标中，35 个指标均已超过目标值；个别群众满意度指标略有波动，还未达到目标值。（数据来源：苏州市统计局）2018 年，江苏人均 GDP 为 11.5 万元，按汇率折算为 1.74 万美元，城镇居民人均可支配收入达 4.72 万元，人均期望寿命 78 岁，每千人口执业（助理）医师 2.90 人，每千人口注册护士 3.23 人，每万人拥有全科医生 3.66 人，高水平全面建成小康社会综合实现程度达 97.6%。[1] 苏州人均 GDP 为 17.4 万元，按汇率折算为 2.63 万美元，在全国重点城市中占第 7 位，全省第一；城镇居民人均可支配收入达 6.35 万元、农村居民人均可支配收入达 3.24 万元，在全国重点城市中占第 3 位；2018 年人均期望寿命 83.54 岁。对比上述监测结论可知，苏州高水平全面建成小康社会综合实现程度高于全省全国，也早于全省全国。（参见表 4）

表 4　全国、江苏、苏州 2018 年部分指标对比

	人均GDP（万元）	人均GDP（美元）	城镇居民人均可支配收入（元）	农村居民人均可支配收入（元）	人均期望寿命（岁）	城镇化率（%）
全国	6.46	9 630	39 251	14 617	77	59.58
江苏	11.5	17 300	47 200	20 845	78	69.61
苏州	17.4	26 200	63 481	32 420	83.54	76.05

---

[1]　佚名. 江苏高水平全面建成小康社会综合实现程度达 97.6% [N]. 现代快报，2019-09-27（A3）.

（二）从发展程度看

1. 经济更加发展。2018年，苏州人均地区生产总值17.4万元，全市服务业增加值占GDP比重达到50.8%，先导产业加快发展，新一代信息技术、生物医药、人工智能、纳米技术等四大先导产业产值占规上工业总产值比重达15.7%，苏州成为首批国家服务型制造示范城市。城镇化率76.05%，远高于全省全国；现代农业稳步发展，农业机械化水平达89.3%，农村集体经济总资产达1970亿元，村均稳定性收入850万元；进出口总额3541亿美元；实际使用外资45.25亿美元；一般公共预算收入2119.99亿元；全社会研发经费（R&D）支出占GDP的比重为2.78%，全市科技创新综合实力连续10年位居全省第一。城镇化率、信息化发展水平均已超过省定目标值。

2. 人民生活更加殷实。城镇居民人均可支配收入6.35万元，农村居民人均可支配收入3.24万元，2018年年末轨道交通运营线路总长164.9公里，市区公交线路393条。农村家庭住房成套比例、每千人拥有医生数、居民体质合格率、城市居民公共交通出行分担率和镇村公共交通开通率均已超过省定目标值。

3. 社会发展。社会保障水平进一步提高，全市最低工资标准上调至每月2020元，2018年年末全市企业职工养老保险金缴费人数543.27万人，城镇职工医疗保险参保人数737.56万人，城乡最低生活保障标准提高至每人每月945元。城镇住房保障体系健全，城镇家庭人均住房建筑面积45.85平方米，农村家庭人均住房建筑面积67.49平方米。文化产业增加值占GDP比重为5.87%。城乡基本养老保险覆盖率、城乡基本医疗保险覆盖率、失业保险覆盖率、每千名老人拥有养老床位数、基尼系数和人均拥有公共文化体育设施面积均已超过省定目标值。科教更加进步，文化更加繁荣，社会更加和谐。

4. 民主法治更加健全。民主法治大类的指标中，法治建设满意度和公众安全感、城乡居民依法自治的指标已达省定目标值，党风廉政建设满意度指标实现程度为99.66%，接近目标值。

5. 生态环境更加优美。城镇绿化覆盖率，城镇污水达标处理率，村庄环境整治达标率均达到省定目标值。空气质量达到二级标准的天数比例为74.7%。地表水好于Ⅲ类水质的比例为68.8%和76%。

综上所述，我们可以看出，在高水平全面建成小康社会的决胜期，苏州在经济社会发展指数均已达标的基础上，更致力于聚力创新、聚焦富民，着力在经济社会全面协调发展的结构优化上奋力拼搏，既在时间上质量上实现率先，又在高标准高质量高水平上实现引领，不断提升高水平全面建成小康社会的"成色"。从时间上看，苏州高水平全面建成小康社会实现了率先。从定量上看，将江苏省高水平全面建设小康社会指标体系和江苏高质量发展监测评价指标体系有机统一，更加突出创新、民生、文化、生态、共享等分量，更加注重发展的质量水平和发展的全面性协调性可持续性。2018年在全省发展高质量综合考评中，苏州位列全省第一。"六个高质量"为苏州高水平全面建成小康社会奠定了坚实基础，同时也充分揭示了高质量和高水平的有机统一。从定性上看，省第十三次党代会提出"六个更"，市党代会提出"四个更加"，即质量效益显著提升、创新动力更加强劲；居民收入持续增长、公共服务更加均衡；生态环保不断强化、人居环境更加优化；社会治理深入推进、道德风尚更加良好。尤其对人民生活、生态环境、文化发展、城乡区域发展、社会治理等目标内容都做了定性描述,突出发展质量水平更高、群众获得感更强,不仅看指标值是否达标,更要看经济社会全面协调发展的结构进化有没有取得重大进展与突破,在质量高、动力新、覆盖全、生态优、实现先上更具高标准高质量高水平,更具引领性率先性。

四、苏州全面建成小康社会的历史经验

"高质量发展"与"高水平小康"的有机统一之所以在苏州经济社会发展的系列创新系统中推进苏州高水平全面建成小康社会走在了全国最前列,主要经验有:

首先,将党的创新理论与苏州实际紧密结合,坚定贯彻新发展理念,瞄准短板发力,自觉在更高坐标系中调整完善目标内涵和定位,确保始终走在全省全国前列。

其次,聚焦"六个高质量"协同提升,让高水平全面小康更具"成色"和苏州特色。

再次,聚焦发展的新要求,着重体现了高质量发展的新任务、新要求、新动力。

最后,聚焦群众的获得感,着力提升公用设施、生活环境、就业收入、教育文化、健康养老等公共服务和民生保障的供给能力水平。在各指标体系中,反映公用设施、生活环境、就业收入、教育文化、健康养老等公共服务和民生保障类的指标均占总指标数的一半以上。如居民人均可支配收入、农村供水入户率、农村无害化卫生户厕普及率、每万常住人口全科医生数等指标,促使各地落实以

人民为中心的发展思想,切实解决好群众最关心最关注的事情。

 五、苏州全面建成小康社会的历史启示

综上可知,党的十八大以来,苏州高质量发展与高水平建成全面小康有着历史统一性,体现了苏州高水平全面建成小康社会的时代内涵和时代特征,揭示了苏州从温饱到总体小康,从总体小康到全面小康,从全面小康到高水平全面小康的历史性跨越之路和发展逻辑,这一逻辑对继续深化苏州高质量发展和率先开启全面建设社会主义现代化新征程、实现第二个百年奋斗目标同样具有重要的启迪意义。

(一)必须始终把坚持党的坚强领导作为坚强保障

坚持和加强党的全面领导是决胜全面建成小康社会的关键所在。中国特色社会主义最本质的特征是中国共产党领导,突出这个最本质的特征,发挥这个最大优势,必须以加强党的全面领导为统领,贯彻落实党的十九大精神,决胜全面建成小康社会,开启全面建设社会主义现代化国家新征程,关键在党、关键在人,关键在于建设堪当重任的领导班子和干部队伍。加强党中央对经济工作的集中统一领导,打好决胜全面建成小康社会三大攻坚战。

(二)必须始终把坚持以人民为中心作为根本目的

不断提高人民生活质量和水平,是我们一切工作的出发点和落脚点,也是全面建成小康社会的根本目的。全面建成小康社会是一个实实在在的目标,必须坚持以人民为中心的发展思想,顺应人民群众对美好生活的向往,把增进人民福祉、促进人的全面发展作为一切工作的出发点和落脚点,从人民群众最关心最直接最现实的利益问题入手,统筹做好各项保障和改善民生工作,不断提高人民生活水平,使人民群众的幸福感、获得感显著提升,进一步增强对党的信任和对中国特色社会主义的信念。以不断改善民生为发展的根本目的,检验我们一切工作的成效,最终都要看人民是否真正得到了实惠,人民生活是否真正得到了改善,真正使发展成果更多更公平地惠及全体人民。

(三) 必须始终把我国社会主要矛盾变化作为根本依据

决胜全面建成小康社会,要紧扣我国社会主要矛盾变化,统筹推进经济建设、政治建设、文化建设、社会建设、生态文明建设,综合施策、精准发力,特别是要坚决打好防范化解重大风险、脱贫攻坚、污染防治三大攻坚战。同样,全面建设社会主义现代化国家,要把解决我国社会主要矛盾作为主攻方向和根本着力点。

(四) 必须始终把坚持新发展理念作为发展统领

党的十八大以来,习近平总书记顺应时代和实践发展的新要求,坚持以人民为中心的发展思想,鲜明提出要坚定不移贯彻创新、协调、绿色、开放、共享的新发展理念,引领我国发展全局发生历史性变革。新发展理念传承党的发展理论,根据形势新变化、实践新要求、人民新期待,赋予新时代经济社会发展更加鲜明的目标指向,以新发展理念引领转变发展思路和方式,实现更高质量、更加公平、更可持续的发展。

(五) 必须始终把坚持全面深化改革和高水平开放作为内驱动力

推动高质量发展是当前和今后一个时期我国经济发展的主旋

律，40多年改革开放让中国成为世界第二大经济体、制造业第一大国、货物贸易第一大国、商品消费第二大国、外资流入第二大国，外汇储备连续多年位居世界第一。历史表明，改革开放是中国经济发生翻天覆地变化的动力源泉，新时代推动高质量发展同样需要进一步加大改革开放力度来保驾护航，依靠改革开放激发市场主体活力，依靠改革开放释放制度红利，更加注重规则等制度型开放，健全与高质量发展相适应的体制机制，这是推动高质量发展的必由之路。

（六）必须始终把坚持整体全面、均衡协调、一体推进作为根本方针

决胜全面小康，习总书记指出，协调发展是制胜要诀。区域协调发展、城乡协调发展、物质文明和精神文明协调发展等是高水平小康高质量发展的重要内涵和应有之意，要拉高标杆，补齐短板，不断提高发展的平衡性、协调性、可持续性，"高质量、均衡性"是高质量发展的基本要求，只有把短板补齐，才能真正实现高水平全面建成小康社会的目标，才能在党的二十大前夕以标杆的姿态向党中央交出满意答卷。

第十二章

创体制机制新优势,走出一条
具有苏州特点、体现标杆水平的乡村振兴之路

实施乡村振兴战略,是党中央作出的重大战略部署,是苏州勇当"两个标杆"、争做"强富美高"新江苏建设先行军排头兵的重大任务,是新时代苏州"三农"工作的总抓手。2018年,苏州结合2020年高水平全面建成小康社会时间节点,结合全市"三农"发展实际,出台了市委一号文件和《乡村振兴三年行动计划(2018—2020)》,召开了全市乡村振兴工作大会,明确了苏州市实施乡村振兴战略的"时间表"和"路线图",标志着苏州实施乡村振兴战略在理论认知和实践推进上达到新水平新高度。但在实践中仍有许多课题尚未破解到位,如农村集体经济高质量发展问题、促进农民持续增收路径拓展问题、农村环境和生态治理问题等。如何发挥苏州城乡发展一体化优势,打造乡村振兴的苏州样板,走出一条具有苏州特点、体现标杆水平、城乡融合发展的乡村振兴道路?亟须我们给予前瞻性探索性回答。

一、走出一条具有苏州特点、体现标杆水平、城乡融合发展的乡村振兴之路的优劣势分析

(一) 优势分析

改革开放以来,苏州在全国较早提出城乡一体化发展并进行创新探索,城乡一体化改革发展取得了显著成效,诸多方面走在了全省、全国前列,发挥了探索性、创新性、引领性作用,城乡一体化发展现已成为苏州发展的最大特色、最大品牌和最大优势,苏州完全有条件有理由有责任在新时代走出一条具有苏州特点、体现标杆水平、城乡融合发展的乡村振兴之路,在推进乡村振兴中继续走在全省、全国前列。

1. 苏州有良好的经济社会发展支撑,实现乡村"产业兴旺、生态宜居、乡风文明、治理有效、生活富裕"有着良好基础。改革开放40多年来,苏州经济、文化、社会等诸方面累积了坚实基础,特别是"三农"工作基础扎实:截至2019年年底,建成国家、省、市级现代农业园区51个,高效农业、绿色农业和现代农业的发展格局基本形成,优质水稻、特色水产、高效园艺、生态林地"四个百万亩"全部实现落地上图,产业布局不断优化,优质高效、生态立体的现代农业加速发展,全市90%以上的土地实现了规模经营,高标准农田占比达到68%以上,农业现代化指数水平连续多年位居全省前列。农旅深度融合发展,建成各类农业休闲观光基地(点)1 065家,智慧农业园体系建设已成"风景"。据统计,至2018年年末,全市96个镇(涉农街道)1 272个村(涉农社区)集体总资产达812亿元,村均稳定性收入850万元,农村居民年人均可支配

收入3.24万元，城乡居民收入比缩小到1.96∶1，是全国城乡居民收入差距最小的城市之一。多规融合、城乡统筹的空间体系不断优化，1个中心城市、4个城市副中心、50个中心镇的"1 450"城乡空间布局体系基本形成。加快建设美丽镇村，至2019年，全市累计建设康居特色村32个，三星级康居特色村近2 000个。农村环境长效管理不断加强，建立健全生活垃圾收运处理、道路修护、绿化养护、河道管护、公共设施维护"五位一体"的村庄环境日常管护机制，使村庄环境管理逐步走上规范化、制度化、长效化轨道。社会治理机制不断健全，和谐社会示范区建设成效卓著，"多元主体、协商共治"社区治理结构初步形成，治理能力明显提升，形成了以高新区"政经分开"、太仓市"政社互动"、张家港市"村民自治"、姑苏区"三社联动"、工业园区"社区多元参与机制"为代表的一批城乡社区治理和服务创新示范典型。

2. 苏州城乡统筹发展有良好的体制机制和政策体系积累。自2003年中央确立"统筹城乡发展"以来，苏州先后被确定为江苏城乡统筹综合配套改革试验区、国家发改委城乡一体化发展综合配套改革联系点、农业部全国统筹城乡发展改革试验区、中央农村工作领导小组全国农村改革试验区、国家城乡发展一体化综合改革试点市等，为全省乃至全国承担了重大的城乡改革发展任务。持续深入的改革发展体制机制探索实践，较好确立了苏州城乡发展一体化改革发展在全省全国的先行优势和品牌地位。苏州城乡一体化改革基本情况如表5所示。

表 5　苏州城乡一体化改革历程

阶段	改革试点	目标任务内容	举措经验
第一阶段 改革探索阶段 2008—2011 年	1 江苏城乡统筹综合配套改革试验区 2 城乡一体化发展综合配套改革联系点	五项任务： 加快形成城乡经济社会发展一体化体制机制、农民持续增收的长效机制、发展现代农业和农村集体经济的动力机制、城乡公共服务均等化的运行体系、城乡一体的行政管理体制	确定 23 个镇为城乡一体化发展综合配套改革试点工作先导区
	3 农业部全国统筹城乡发展改革试验区 4 中央农村工作领导小组全国农村改革试验区	十项改革： 建立土地资源增值收益共享机制，创新现代农业发展机制，完善农村"三大合作"改革，健全城乡统筹就业创业制度，加快城乡社保接轨，深化农村金融体制改革，建立健全生态补偿制度，强化公共服务体系建设，深化农村行政管理体制改革，健全城乡一体的领导体制和工作机制	经验： 三集中、三置换、三大合作
第二阶段 重点突破阶段 2012—2015 年	5 与国家城乡发展一体化综合改革试点市	重点探索三项制度改革： 农村土地管理、农村户籍和农业支持保护制度 "三大并轨"改革： 城乡最低生活保障、养老保险和居民医疗保险制度并轨	经验： 三优三保、政经分开、股权固化、美丽乡村建设、新市民积分制管理 机制： 建立健全支农政策体系，粮食价外补贴政策，农业保险和担保制度，生态补偿机制，城乡一体化引导基金

续表

阶段	改革试点	目标任务内容	举措经验
第三阶段 全面深化阶段 2015年至今	6 2015年，经中央深改组、国务院同意，吴中区承担农村集体资产股份权能改革试点任务 7 2016年新增四项农村改革试验任务	主要任务为八个"示范区"建设：打造新型城镇化发展、共同富裕、"四化"同步发展、公共服务均等化、生态文明、和谐社会、土地节约集约利用、城乡金融改革创新等八个示范区 全国农村改革试验区专项试点任务： 苏州高新区承担"土地承包经营权有偿退出试点"，苏州市承担"重要农产品收入保险试点"，张家港市承担"政府购买农业公益性服务机制创新试点"和"以农村社区为基本单位的村民自治试点"。2017年7月，吴中区又被农业部列为农村改革试验区拓展试验地区，主要承担农民集体收益分配权退出试点任务	建成苏南现代化示范区样板和全国城乡发展一体化示范区 区镇合一管理体制，确权增利、合作共享的富民机制，支农体系等日益完善，各项试点经验已经形成全国范例

（二）劣势分析

1. 全国新一轮乡村振兴发展群雄纷起，苏州先行优势和品牌地位受到挑战。如2016年农业部在全国确定了1 100个乡村作为全国"美丽乡村"首批创建试点乡村，其中，生态保护型模式的浙江省安吉县山川乡高家堂村和江苏徐州马庄村，城郊集约型模式的上海市松江区泖港镇，社会综治型模式的吉林省松原市扶余市弓棚子镇广发村和天津大寺镇王村，文化传承型模式的河南洛阳市孟津县平乐镇平乐村，渔业开发型模式的广东省广州市南沙区横沥镇冯马三村，草原牧场型模式的内蒙古太仆寺旗贡宝拉格苏木乡道海嘎查村，环境整治型模式的广西恭城瑶族自治县莲花镇红岩村，休闲旅游型模式的江西省婺源县江湾镇，高效农业型模式的福建省漳州市平和县三坪村……这些乡村虽处不同区域，发展基础各不相同，但都是新时代农业供给侧改革的典范，都能有效地把资源变资产、资金变股金、农民变股东，推动农村的一、二、三次产业融合发展，延长农业产业链、提升农村价值链、完善农民利益链，充分展现乡村在政治、文化、教育、生态、社会、休闲养老等方面的功能和价值，快速实现了后来居上，这些乡村五个文明全面振兴的做法值得苏州借鉴。面对这样的后起直追发展态势，如果我们在意识观念上为成绩所满、为定势所困、为经验所缚，那将直接影响苏州乡村振兴走出一条具有苏州特点、体现标杆水平、城乡融合发展的乡村振兴之路。

2. 基于工业化、城市化、现代化带来的冲击和乡村振兴的新要求，按照体现标杆水平、走在全国前列的发展要求，苏州还面临着不少问题亟待破解。突出表现在：一是产业链条较短，融合发展不够，质量效益不高，离产业兴旺的要求尚有距离。农业经济效益和竞争力不高，农村产业形态低散和农产品品牌竞争力不强，村级集体经济内生动能趋弱，推动农村集体经济高质量发展任务艰巨。以农产品品牌为例，受土地面积与形态限制，除现有"阳澄湖大闸蟹""碧螺春茶"等为数不多的区域公共品牌外，苏州大多数农产品品牌小而杂、小而多，品牌的影响力与带动力不强，且农业服务业品牌和农业休闲观光品牌数量很少，农产品加工业仍以初级加工为主，高科技、高附加值的精细加工比重偏低，与同是全国统筹城乡综合配套改革试验区，也是首批国家现代农业示范区的成都相比，还有一定差距。农业生产性服务体系有待完善，专业的社会化服务主体较少，乡村现代服务业和新业态发展相对缓慢。二是农民持续增收任务艰巨，推动乡村自然资本加快增值，实现百姓富、生态美的统一还有很大空间。当前的紧迫问题是还有相当一部分乡村自然资本集约利用和加快增值路径不多，资源资产化、资产资本化、资本股份化改革还需深入推进。三是农村生态环境基础设施和民生领域还有不少欠账，农村环境和生态综合治理任务艰巨。农业面源污染占绝对比重，因农药、化肥、饲料添加剂等引发的环境污染与食品安全问题越来越突出，不可持续的问题日益显现。基于国内外宏观经济运行新情况以及政府负债加重，基础设施建设与民生保障上投资不断加大，继续靠财政投资推进生态文明建设、实施乡村振兴战略，越来越捉襟见肘。四是不少农村人口老龄化、村庄空心化较为突出。五是基层治理效率有待提高，乡村文明建设仍滞后于农村经济社会发展，忽视乡风文明建设现象仍大量存在，优秀传统乡村文化传承创新需进一步加强，自治、法治、德治相结合的乡村治理体系有待完善。六是乡村振兴人才队伍亟须壮大。七是农村基层党建存在薄弱环节，距全面过硬全面加强还有差距。八是束缚城乡要素合理流动和配置的障碍仍然存在，促进城乡融合发展的体制机制有待健全。

二、苏州乡村振兴、城乡融合发展的目标定位

苏州城乡一体化发展一直走在全省全国前列，新一轮城乡融合发展若仍要走在全省全国前列，至少要在以下四方面有显著成效：

(一) 发展更具现代性

要适应新时代解决我国社会已经发生转化的主要矛盾的需要,与苏州全面深化改革和对外实行开放经济战略进行组合配套,系统解决苏州现代市场经济体系运行深层次矛盾,服务和服从于苏州现代化战略,即2035年基本实现现代化战略,乡村振兴率先取得决定性进展,城乡空间布局清晰、功能互补,城乡居民收入和生活水平差距进一步缩小,城乡基本公共服务实现均等化;到2050年,乡村全面振兴,全面实现农业强、农村美、农民富的目标。

(二) 发展更具引领性

深化组织创新和制度创新,建立健全城乡融合发展体制机制和政策体系,集体经济高质量发展、富民机制和政策体系、社会文明等改革发展继续走在前列。以基础建设、科技创新、公共服务、文化传承为核心对传统农业进行转型升级改造,真正把原本单一作为第一产业的农业打造为综合产业,使"要素集聚、科技创新、产业集中"的智能农业、智慧乡村不断涌现,部分示范乡村创建5A级景区,农村新动能新业态不断呈现。

(三) 发展更具标杆性

成为全国城乡融合发展的先导区和示范区,在新型城镇化发展、共同富裕、"四化"同步发展、公共服务均等化、生态文明、和谐社会、土地节约集约利用、城乡金融改革创新等方面树立行业标杆。

(四)风貌体现江南特色

严格按照现有保留村(重点村、特色村)和一般村规划,持续推进美丽村庄、美丽城镇、美丽苏州建设,下好城乡融合"一盘棋"。与古城古镇古村保护相结合,引导和支持设计下乡,深入推行设计师"驻镇、驻村"服务,充分挖掘最具江南特色的苏式水乡文化价值,同时加快基础设施建设,使苏式水乡特色、自然风貌和传统文化得到有效保持,美丽宜居富饶的苏式水乡与繁华都市交相辉映。

三、乡村振兴、城乡融合发展的国外借鉴

走出一条具有苏州特点、体现标杆水平、城乡融合发展的乡村振兴之路需要博采众长,广泛借鉴国内外经验。

日本的造村运动以挖掘本地资源、尊重地方特色为典型特点,通过因地制宜地利用乡村资源来发展和推动农村建设,最终实现乡村的可持续性繁荣。如日本神山町,不是旅游胜地,自然景观也无出奇之处,但依托日本大兴卫星办公室,加上当地社会组织绿谷的主动作为和神山町待客文化,从留守村变成年轻人向往的"绿色硅谷",成为21世纪的前沿所在。

德国的村庄采取循序渐进型模式,将乡村治理看作一项长期的社会实践工作,政府通过制度层面的法律法规调整对农村改革进行规范和引导,逐渐将乡村推向发展与繁荣。

荷兰的农地整理通过整合现有农村资源,充分发挥地区优势,促进农村社会的和谐发展。

瑞士的乡村建设采取生态环境型模式,政府通过营造优美的环

境、特色的乡村风光及便利的交通设施来实现农村社会的增值发展，提升农村的吸引力。

法国的农村改革采取综合发展型模式，以满足农村现代化的需求为核心，通过农村建设的集中化、专业化、大型化，推动乡村的综合发展。

美国乡村小城镇建设则走城乡共生之路，遵循城乡互惠共生原则，通过城市带动农村、城乡一体化发展等策略推动乡村社会发展，最终实现工业与农业、城市与农村的双赢局面。

加拿大的农村计划采取伙伴协作型模式，在互相交流和充分沟通的基础上，通过跨部门的协商合作形成战略伙伴关系，共同致力于乡村善治目标的实现。

上述国家乡村发展实践充分尊重乡村发展内在机理，充分利用市场和社会的力量，充分发挥乡村文化作用，其发展振兴的逻辑值得苏州借鉴学习。

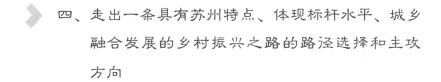

四、走出一条具有苏州特点、体现标杆水平、城乡融合发展的乡村振兴之路的路径选择和主攻方向

走出一条具有苏州特点、体现标杆水平、城乡融合发展的乡村振兴之路，要全面总结苏州 21 世纪以来特别是最近几年的"三农"工作和历史性变革，系统分析新时代我国社会主要矛盾转化在苏州农业领域、农村地区和农民群体中的具体体现，贯彻习近平新时代中国特色社会主义思想和基本方略，按照决胜高水平全面小康社会和开启全面建设社会主义现代化国家新征程的要求进行考虑设计，

引入新思想、新手段和新平台。

(一) 路径选择

一是走特色发展之路。尤其是重新认识和发现乡村的价值，重视农村资源禀赋和差异性，推进美丽村庄、美丽城镇高品位建设，在产业效益、富民增收、社会治理、生态环境建设保护和文化风貌上进行合理选择，把江南吴文化和现代都市文明有机结合，展现好苏式田园风光和乡土风情，让苏州乡村成为长三角城市群中的亮点和美丽苏州的底色。

二是走融合发展之路。多规统筹，紧密协同苏南国家自主创新示范区、长江经济带等国家主体功能区规划以及长三角地区一体化加快发展和大运河文化带建设，突出做好城乡规划融合、产业融合、要素融合、公共服务融合，把现代产业发展理念和组织方式引入农业农村，推进苏州乡村多功能性建设和专业化发展，深入推进生产、生活、生态融合发展。不单突出乡村经济功能，更要突出乡村生态功能、文化功能，突出品质提升，着力推进农业发展绿色化、品牌化、组织化，加快培育农村新产业新业态新模式，打造一批产业融合方式先进、经济效益显著的融合发展先导区。

三是走全面振兴之路。五大文明同步发展，实现农业强、农村美、农民富、社会文明程度高。深化农业供给侧改革，以推进"三高一美"（高标准农田、高标准蔬菜基地、高标准池塘和美丽生态牧场）、农业品牌、共享农庄、美丽乡村建设为抓手，着力引导资本、人才、技术、市场向农业农村集聚，把苏州特色农业做强做亮，建立健全绿色低碳循环发展的经济体系，不断发展新产业新业态，拓展农业产业链价值链供应链，大力提高农业现代化水平，推进农村一、二、三次产业融合发展，提高产业发展效益。在农业产业的发展选择上，要面向世界，有竞争优势；面向未来，立"工匠精神"；面向现代化，升平台高度。当前实现产业兴旺，不走面源污染以及"小散乱污"老路的农村，大都集中于休闲农业和乡村旅游，推动农村一、二、三次产业融合发展。随着农村软硬设施大幅度提升，"强富美高"的新农村正逐步实现。以特色田园乡村建设统领全市乡村建设工作。以自然村为单元，构建由特色精品乡村、特色康居乡村、特色宜居乡村组成的乡村建设体系。在此基础上，建立区域协同机制，依托现代农业产业园、文旅融合区、特色风貌区等串点成线，连线成片，整体推进，打造乡村振兴精品示范区。

四是走全面深化改革之路，突出农业供给侧结构性改革，完善城乡融合发展的体制机制和政策体系；把握人力、地权、资本和技术四个重点，引入先进要素；做好地权的文章。大力加强农村基础设施建设，提高乡村公路、水利、电力、电信、燃气和社区建设水平；借鉴城市土地制度改革经验，探索建立农地收储和整治机构；深化农村土地制度改革，完善承包地"三权"分置制度；全面深化农村产权制度改革、金融服务和土地制度改革。很多集体经济发展组织迫于法律的滞后，是挂靠在个人名下的，这是一个很不正常的现象，应尽快出台促进集体经济发展的相关法律。赋予村社一体型合作社独立法人地位，是新时代乡村振兴需要迈过的第一道门槛。集体经济带动人并不是富人、能人的代名词，没有共同富裕观念的富人、能人是不能作为集体经济带动人来培养的，所以，要在党的领导下提高乡村的组织化程度。

五是走质量兴农之路。科学谋划，打造"姑苏"农业品牌体系，以"三品一标"为引导，实施品牌农产品品质提升计划，保障品牌产品品质，打造质量品牌。实施农业品牌建设激励计划，激发品牌建设动力。大力扶持"三品一标"建设，加大市级财政投入力度，用于"三品"申报补助与"三品"示范企业奖励。实施品牌农产品优质优价计划，提升品牌经济价值，通过培育发展，使"三品"产品覆盖大闸蟹、大米、蔬菜、茶叶、枇杷、杨梅等苏州特色产品，培育更多像"阳澄湖""金香溢""田娘""常阴沙""玉叶""水八仙"等的一大批安全优质农产品品牌。实施农业品牌建设人才计划，增强品牌建设实力，以培育基地为平台，孵化集群品牌，建成"孵化企业品牌成长的摇篮和培育品牌核心竞争力的高地"。通过扶持基地内企业集群创牌，推动"产业集群"孵化升级为"品牌集群"。以农业园区为抓手，塑造特色品牌，让全市各级农业园区充分利用本区域丰富的物种资源，扶持农业龙头企业发展，联动打造"苏"字农业品牌。以智慧农业为方向，提升科技品牌，在成功构建智慧农业"园区模式"、稻麦精确栽培的"同里模式"、蔬菜智能化种植的"董浜模式"、农产品产销对接的"食行生鲜模式"、农产品网络营销的"东山模式"、水产品质量追溯的"阳澄湖模式"基础上，继续加速智慧农业建设，助力推进苏州农业品牌建设。

六是走乡村善治之路。实施的重要主体既有乡村力量，也有城镇力量；既有党政力量，也有市场力量，还有社会力量；既有国内各界的力量，也有国外支持的力量。归根结底要走内生性发展之路。从生存条件、生产条件、生活条件和生态条件角度，共建美丽苏州。

（二）主攻方向

遵循乡村振兴内在机理，突出"三农"内部各要素的融合，在以下六个方面体现苏州特点和标杆水平：

一是强化乡村振兴的制度性供给，建立健全城乡融合发展的体制机制和政策体系，特别是以完善产权制度和要素市场化配置为重点，激活主体、要素与市场，在农村承包地"三权分置"基础上率先探索宅基地所有权、资格权、使用权"三权分置"，激活财富增长要素，拓展农村新产业、新业态发展用地机制，活化乡村发展自身动力，不断以制度创新培育乡村内生发展新动能。

二是活化乡村自身发展动力，即突出高质量发展，加快推进"五位一体"的农业农村现代化，包括农村经济、政治、社会、文化、生态文明等在内的全方位现代化。

三是壮大乡村振兴新动能，即走"财政投入+财政资金撬动金融资本投入+健全符合农业农村特点的农村金融服务体系（农商行+保险+信用社）+工商资本下乡"多元并举之路。

四是化地域资源为发展资本，即立足乡村的生态、产业、历史文化等特色资源，开发农业的多种功能，挖掘乡村多种价值，推进农村一、二、三次产业融合发展，构建起乡村振兴的内生增长机制。

五是人居环境整治走在东部地区前列，发挥村民主体作用，发挥苏州文化教育优势，积极治理农村面源污染，打造自治、法治、德治相结合的乡村治理体系，创新完善乡村治理体系，提升治理能力，走乡村善治之路。

六是坚持以农民为乡村振兴的主体，出台"打造新型职业农民队伍+引进人才（乡村导游、农业经纪人等）+启用回乡任职退休公职人员、新乡贤"等系列人才政策，动员一切社会力量和社会贤达，共同推动乡村振兴。

后　记

　　《全面深化改革：从城乡一体走向城乡融合的苏州实践》是我围绕新时代城乡关系与推进之路的苏州探索而撰写的一本学术著作。

　　在上一部拙作《观察与思考：苏州发展现实问题研究》的后记中我说过，作为一名党校学人，我一直有着观照现实、建言献策的智库情结。以苏州实践立论，聚焦苏州改革和发展问题，坚持既求理论之思又解实践之问，努力以敏锐的思维、厚实的地气和宽广的视野多维观察和思考苏州发展问题，努力为党委和政府的科学决策服务，是我多年来一直秉持的学术追求。

　　苏州是一个不断创造发展奇迹的城市，总能吸引无数学人关注她、研究她。进入新时代，苏州在更高起点推进改革开放再出发，城乡关系改革进入新阶段，妨碍城乡要素自由流动和平等交换的体制机制壁垒不断被破除，人才、土地、资金、产业、信息等各类要素更多向乡村流动，乡村振兴被注入了新动能，农业农村现代化取得了大进展。从"全国农村改革试验区"到"全国城乡一体化发展示范区"再到"率先基本实现农业农村现代化"，在新时代城乡关系重塑上展现了走在前列的苏州作为。对此过程，我始终跟踪研究不辍，形成了一系列专题研究成果。近三年来，我一边不断进行跟踪研究，一边把这些研究成果进行深化、系统化。三年来寒来暑往，早晚笔耕不止，为了将书中的意思表达得尽可能准确，哪怕是一个数字的修订，都要反复推敲，现终以《全面深化改革：从城乡一体走向城乡融合的苏州实践》为题出版，一下子轻松很多。

在拙作问世之际，专此感谢帮助和支持我开展研究的我的单位中共苏州市委党校以及诸多领导、朋友、同事和家人。尤其是在调查研究过程中，相关部门和基层单位很多领导、朋友提供的热情帮助，让我能及时掌握实践动态；苏州大学出版社帮我出版了上部著作，现又帮我出版新著，我心存感激；也借此特别感谢我家人的鼎力支持，他们使得我总是对生活充满热情，对研究保持旺盛精力、执着追求并乐此不疲。

本书的写作吸收了不少专业机构与业内专家的思想观点，我在书中都有注明，在此也一并致敬感谢。

方 伟

2020 年 7 月